06. YOLO PROJECT

AUS-TRALIA

두근두근 호주

21세기북스

CONTENTS

004   **PROLOGUE**

006   **PERSONAL DATA**

007   **PURPOSE OF TRAVEL**

008   **AUSTRALIA MAP**

010   **PART 1 : 호주 여행 준비, 12문 12답**

- 011   Q1. 항공권은 어디서 구입하는 것이 가장 좋은가요?
- 012   Q2. 환전, 어디서 얼마나 해야 하죠?
- 013   Q3. 숙소 예약은 어떻게 하면 되나요?
- 014   Q4. 호주 여행 시 필수 아이템은 무엇이 있나요?
- 015   Q5. 자유여행 VS 패키지여행 VS 호텔팩여행
- 016   Q6. 각종 증명서를 어떻게 챙겨야 하나요?
- 017   Q7. 호주 안에서 이동은 어떻게 하나요?
- 018   Q8. 렌터카를 이용해 호주 여행을 계획하고 있다면?
- 020   Q9. 면세점 똑똑하게 이용하는 방법은?
- 022   Q10. 스마트폰 로밍과 심 카드 구매는 어떻게 하나요?
- 023   Q11. 세금 환급, 어떻게 받으면 되나요?
- 023   Q12. 호주 여행 시 꼭 챙겨야 하는 마음가짐은?

024   **PART 2 : 호주, 어디까지 알고 있니?**

- 026   POINT 01. 호주의 역사
- 028   POINT 02. 호주의 인물
- 030   POINT 03. 호주의 예술
- 032   POINT 04. 호주의 자연
- 034   POINT 05. 호주의 음식
- 036   POINT 06. 호주의 쇼핑

038   **TRAVEL PACKING LIST**

039   **CHECK LIST**

042 **PART 3 :** 호주 수도 특별 자치구 **캔버라**
044 ESSAY _ 세계 최대의 계획도시 캔버라

050 **PART 4 :** 뉴 사우스 웨일스 **시드니**
052 ESSAY _ 호주만의 매력을 압축해 놓은 대표 도시 시드니

060 **PART 5 :** 노던 테리토리 **다윈**
062 ESSAY _ 호주의 대자연을 느낄 수 있는 자연의 땅 다윈

070 **PART 6 :** 퀸즐랜드 **브리즈번**
072 ESSAY _ 즐겁고 신나는 레포츠의 도시 브리즈번

078 **PART 7 :** 남 호주 **애들레이드**
080 ESSAY _ 호주 와인을 마음껏 즐길 수 있는 도시 애들레이드

086 **PART 8 :** 테즈매니아 **호바트**
088 ESSAY _ 호주 역사를 기억하는 도시 호바트

094 **PART 9 :** 빅토리아 **멜버른**
096 ESSAY _ 호주 문화와 교육을 대표하는 도시 멜버른

102 **PART 10 :** 시 호주 **퍼스**
104 ESSAY _ 세계에서 가장 친절한 도시 퍼스

부록

- 184 호텔 용어
  여행자를 위한 영어회화 _ 호텔편
- 185 호주의 축제
- 186 CONTACT LIST
- 187 COUPON

PROLOGUE

"곁에 있어줘서 고마워.
너와 함께 한 소중한 시간을 잊지 않을게.
내 재를 울룰루의 바람 속에 흩어줘.
그리고 넌 너의 시간을 살아줘."
- <세상의 중심에서 사랑을 외치다> 중

호주 울룰루는 '세상의 시간이 시작된 곳'이라는 느낌이다.
태초의 모습과 비슷해서 일지도 모르겠다.

태초의 모습을 간직하고 있을 만큼 호주는 광활한 대륙이다.
그만큼 쉽게 볼 수 없는 다양한 모습을 곳곳에 숨기고 있다.
원시시대의 삶과 현대인의 삶이 공존한다.
가장 트렌디하지만 한편으로는 가장 자연에 가깝기도 하다.
그 모든 것을 느끼고 싶다면 호주만한 여행지도 없다.
각 도시가 가지는 매력도 남다르다.
몇 번을 가도 매번 다른 느낌을 받기 충분하다.

그러니 호주 여행에는 반드시
시간에 대해 넉넉한 마음을 함께 챙기기를!

PERSONAL DATA

NAME	MALE ☐ FEMALE ☐
NATIONALITY	
PASSPORT NO.	
E-MAIL	
MOBILE PHONE	
ADDRESS	

PURPOSE OF TRAVEL
여행을 통해 얻고 싶은 목표들을 메모해보세요

AUSTRALIA MAP

MY SCHEDULE

DATE	PLACE

파눌룰루 국

닝갈루 해안

샤크만

WESTERN AUSTRALIA

• 퍼스

10:10 AM	09:10 AM	10:40 AM
REPUBLIC OF KOREA	WESTERN AUSTRALIA	NORTHERN TERRITORY

11:40 AM	11:10 AM	12:10 AM
SOUTH AUSTRALIA	QUEENSLAND	NEW SOUTH WALES/ VICTIRIA/TASMANIA

PART *1*

Q & A

호주 여행 준비, 12문 12답

여행을 떠나고자 마음먹었지만, 무엇부터 준비해야 할지 막막한 여행자들을 위한
원 포인트 여행 가이드!

12 & 12

Q1

항공권은 어디서 구입하는 것이 가장 좋은가요?

¹ 일단 가격을 비교하자!

항공권을 구매할 때 제일 먼저 고려하는 사항은 가격이다. 얼마나 싼 항공권을 구매할 것인가가 여행자의 첫 고민! 이런 이들이라면 항공권 가격 비교 사이트를 놓치지 말자. 스카이스캐너(www.skyscanner.com), 인터파크 투어(www.tour.interpark.com) 등을 이용하면 저렴한 항공권 리스트를 Get 할 수 있다. 또한 여행 일정 2-3개월 전에 항공권을 구매하면 더 저렴하게 살 수 있다. 더불어 성수기와 비수기의 가격 차이가 크니 이 점도 고려하면 도움이 된다. 호주 여행 성수기는 12-2월, 크리스마스, 명절 기간 등이다. 호주 학교들이 방학하는 기간도 되도록 피하는 것이 좋다.

² 여행 기간에 따라 항공권 가격이 달라진다

호주로 가는 항공권 가격은 비수기에는 약 80만 원 정도이며, 일반적으로 100-150만 원 정도이다. 그러나 여행 기간에 따라 가격 차이가 있으니 일정을 먼저 확정하고 항공권을 구매하는 것이 유리하다. 관광 비자로 호주에 머물 수 있는 기간은 3개월이다. 따라서 여행자들은 3개월 이내에 돌아오는 항공권만 예약이 가능하며, 유효기간이 짧은 항공권이 비교적 저렴하다. 여행 일정이 더 짧다면, 1개월 단기 티켓을 구입하는 것이 효율적이다. 항공권은 유효기간이 짧을수록 금액이 저렴해진다는 사실을 기억하자.

³ 각종 할인 혜택을 챙기자

호주 항공권은 워킹 홀리데이 비자나 학생 비자가 있으면 할인 혜택을 받아 일반 요금보다 저렴한 가격으로 예매할 수 있다. 더불어 출발 직전에 판매하는 마감 임박 티켓이나 실제 여행 일정보다 훨씬 이전에 예약을 완료하는 얼리버드 티켓도 기존 비용보다 할인된 가격에 구매할 수 있다. 다만 항공권을 미리 사놓는 경우 취소 시 발생하는 수수료와 항공권 예약 후 발권 시기에 대해 확인하는 것이 좋다. 이 밖에도 각종 이벤트, 공동구매 등을 체크해 보는 것도 저렴하게 항공권을 구할 수 있는 팁이다.

⁴ 직항 VS 경유

호주로 가는 항공편은 직항과 경유로 나눌 수 있다. 직항은 시드니와 브리즈번으로 입국하는 2가지 노선이 있다. 대한항공은 2곳 모두를, 아시아나는 시드니만 취힝힌다. 빈대로 다른 여행지를 경유할 경우 입국할 수 있는 도시가 다양해지고 다른 나라를 한 곳 더 여행하는 기분도 느낄 수 있다. 경유지는 일본, 홍콩, 싱가포르 등이다. 그러나 직항보다 시간이 오래 걸리고 다른 나라를 본다는 욕심이 클 경우 본 여행에 앞서 지칠 수 있으니, 본인의 여행 스타일과 이후 여행 스케줄에 따라 알맞은 선택이 필요하다.

Q2

환전, 어디서 얼마나 해야 하죠?

1 예산을 짤 때는 예비비를 챙기자

여행의 만족도를 좌우하는 요소 중 하나가 바로 예산이다. 예산을 잘못 짜서 초기에는 여유로운 여행을 하다가 끝에 하고 싶은 것, 보고 싶은 것, 먹고 싶은 것들을 놓치는 여행자들이 있다. 이들에게 여행이 어땠는지 물어보면 다들 별로라고 대답하는데, 이는 여행 막바지에 한 고생 때문일 것이다. 따라서 식비, 숙박비, 교통비, 입장료와 활동비 등 여행하는 동안 실제 들어가는 비용과 더불어 전체 예산의 10% 정도를 예비비로 책정해 준비하는 것이 도움이 된다. 체험 활동을 다양하게 즐길 계획이라면 예비비 역시 조금 더 넉넉하게 준비하는 것이 좋다. 예비비를 준비하면 예상하지 못했던 비용이 발생하거나 예상보다 높은 금액을 내야 하는 상황에 대비할 수 있다.

2 수수료 절약과 편리성, 두 마리 토끼를 잡는 인터넷 환전

본인의 주거래 은행 홈페이지를 통해 환전 서비스를 신청하고, 가까운 은행 지점에서 찾거나 인천국제공항에서 찾는 것이 좋다. 은행별, 개인 조건별 환전 우대가 30-70%까지 가능하다. 또한 은행별 기준 금액 이상 환전 시에는 무료로 여행자 보험에 가입시켜주기도 한다.

3 신용카드(체크카드) 똑똑하게 챙기자!

호주 여행을 준비하는 여행자는 비교적 긴 여행 일정이 대부분이다. 이때 과도하게 많은 현금을 가지고 다니는 것은 소매치기, 강도 등의 위험에 스스로를 노출하는 것과 같다. 따라서 여행 일정에 맞춰 카드를 준비하는 것이 좋다. 또한 호주 여행 과정에서 신용카드는 여행자의 신분을 나타내는 증명서 역할을 하기도 한다. 렌터카, 호텔 투숙 등에서 실제 사용하지는 않아도 신용카드 정보를 제공해야 할 때가 있다. 이때 신용카드가 없으면 따로 보증금을 내야 하거나 거래를 거절당하는 경우도 발생할 수 있으니 주의하자. 호주는 어디서나, 어느 가격이라도 신용카드 사용이 일반적이니 현금 비중을 줄이고 신용카드 혹은 체크카드를 사용하자.

4 한국에 돌아오면, 카드 일시 정지!

호주를 비롯해 해외여행을 다녀온 후 해외에서 사용했던 카드는 일시 정지 또는 해외 결제 분 지급 정지 신청을 하자. 해외에서의 카드 번호 도용 또는 카드 복제를 통한 피해를 방지할 수 있다. 분실하지 않았다 해도, 본인이 모르는 사이에 문제가 생겼을 수 있으니 신청하는 것이 좋다.

Q3
숙소 예약은 어떻게 하면 되나요?

1 숙소 유형을 정하자

호주에는 배낭을 멘 여행자를 위한 호스텔이라는 의미의 백 패커스 호스텔을 비롯해 유스호스텔, 팜스테이, 홈스테이, 베드 앤 브렉퍼스트(B&B), 캠핑, 호텔, 모텔까지 각기 다른 특징의 숙박시설들이 있다. 따라서 어떤 유형의 숙박시설을 이용할 것인지, 여행하고자 하는 스케줄 내에서 어떤 숙박시설이 유용한지, 숙박시설의 장단점은 무엇이 있는지를 고려해 미리 결정하는 것이 안정적인 여행에 도움이 된다. 현지에서 다양한 친구를 사귀고 싶거나 저렴한 숙소를 원한다면 백 패커스 호스텔 또는 유스호스텔을, 안락한 잠자리를 원한다면 호텔을 선택하는 것이 좋다. 이외에 농가 체험을 하고 싶다면 팜스테이, 한적한 시골 마을을 여행할 계획이라면 베드 앤 브렉퍼스트(B&B), 자연을 느끼고 싶다면 캠핑을 권한다.

3 특색 있고 독특한 숙소를 경험해보자

호주 호텔 중에는 한국에서 볼 수 없는 특색을 가진 호텔들이 있다. 전통적으로 호주에서는 호텔이라는 단어가 술집을 뜻한다. 과거 집을 떠난 노동자들이 1층에서 술을 한잔하고 2층으로 올라가 잠을 청했기 때문에, 대부분 호텔 1층에는 펍(Pub)이 있었다. 지금도 호주의 작은 마을이나 도심을 벗어난 지역에서 술집이라는 표지판이 보이는 호텔을 쉽게 볼 수 있다. 자동차로 호주 여행을 계획한다면, 이런 술집 겸 호텔들을 경험해보는 것도 좋다. 이 밖에도 땅 아래 지어진 지하 동굴 호텔, 콘도와 비슷한 형태의 플랫, 현지인처럼 한 곳에서 생활하고자 하는 여행자에게 주 단위로 대여해주는 홀리데이 플랫 등도 매력적인 숙소이다.

2 예약은 비교 선택이 필수!

숙소를 예약할 때는 온라인을 잘 활용하자. 호텔 사이트에서 직접 예약할 수 있고, 대행사를 통한 예약도 가능하다. 최근에는 호텔 사이트보다 아고다(www.agoda.com/ko-kr), 부킹닷컴(www.booking.com) 등의 대행사를 활용하는 것이 무료 조식, 할인 프로모션 등 다양한 서비스를 추가로 받을 수 있는 방법이다. 꼼꼼한 가격 비교는 필수! 또한 예기치 못한 문제가 발생하거나 언어 능력이 불안하다면 한국의 호텔 예약 전문 업체를 이용하는 것이 안전하다.

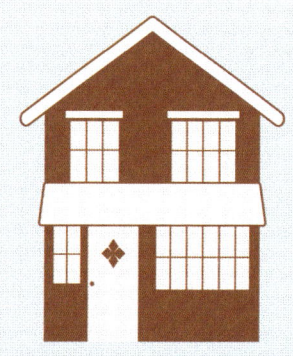

Q4

호주 여행 시 필수 아이템은 무엇이 있나요?

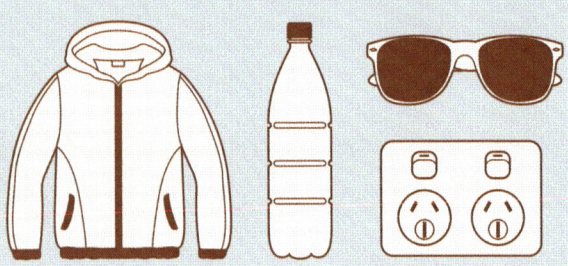

¹ 대비 아이템들을 챙기자

호주는 굉장히 넓다. 남한의 77배에 달하는 면적을 자랑하며 세계 유일한 1대륙 1국가이다. 이렇게 면적이 넓은 만큼 호주 내에서도 시차가 존재하고 기후도 지역마다 차이가 난다. 따라서 옷이나 기타 여행 용품을 챙길 때 다양한 대비 아이템들을 준비하는 것이 도움이 된다. 낮에는 날씨가 좋다가도 해가 지면 급격하게 기온이 떨어지는 경우가 있으니 여름에 여행을 해도 가벼운 긴 소매 옷을 준비해야 한다. 사막지대가 있는 중앙부는 굉장히 건조하기 때문에 몸과 얼굴에 수분을 보충해줄 수 있는 아이템을 준비하는 게 좋다. 또한 어느 도시 혹은 어느 지역을 여행하는지에 따라 날씨가 다르기 때문에 반드시 확인한 후 여행용품을 준비해야 후회 없는 여행을 즐길 수 있다.

² 전기 사용을 위한 아이템

한국에서 220V를 사용하는 것과 달리 호주는 240/250V를 사용한다. 따라서 전기를 사용하기 위해서 겸용 제품 또는 별도의 어댑터가 반드시 필요하다. 콘센트 모양이 우리와 다르기 때문에 여행 전 알맞은 제품을 구비하자. 또한 콘센트에 꽂은 후 스위치를 눌러야만 사용할 수 있는 것이 일반적이다. 코드만 꽂은 후 전기 사용이 안 된다고 당황하지 말고, 콘센트 옆에 있는 스위치를 ON 하자.

Q5

자유여행 VS 패키지여행 VS 호텔팩여행

¹ 처음부터 끝까지 내 힘으로, 자유여행!

자유여행은 숙소 예약, 항공편 예약, 일정 및 여행 루트 계획까지 모두 자신의 힘으로 하는 것이다. 온전히 내가 하는 여행, 나만의 여행이라는 느낌이 강하다. 단, 정보를 수집하고 여행을 준비하는 기간이 오래 걸린다. 따라서 해외여행에 익숙하고 꼼꼼한 성격을 가진 이들에게 특히 맞는 여행 방법이다. 또한 남들과 다른 경험을 쌓고 싶은 여행자에게도 맞다.

² 시간이 없다면, 패키지여행

변수가 두렵거나 짜인 스케줄이 확실하게 지켜지는 게 좋은 여행자라면 패키지를 추천한다. 자유여행은 어쩔 수 없이 변수가 생기기 때문이다. 단 어떤 여행사의 어떤 상품을 선택하는지에 따라서 여행 만족도가 완전히 달라질 수 있다. 불필요한 여행 코스들이 추가될 수 있으니 여행 상품을 선택할 때 미리 체크하는 것이 좋다.

³ 큰 일정은 여행사가 정해주는, 호텔팩

호텔팩은 여행사가 항공권과 호텔을 결정해주고 나머지 여행 과정은 개인이 알아서 하는 여행 방법이다. 주의할 점은 호텔들의 상태, 중심지와의 거리 등이다. 개별적으로 예약하는 것보다 저렴한 경우가 많다. 단 도시 이동을 여행사가 결정하기 때문에 해당 스케줄을 따라야 한다. 일정을 변경하는 것은 가능하나 추가 비용이 발생할 수 있으니 고려해서 결정하자!

Q6

각종 증명서를 어떻게 챙겨야 하나요?

1 비자에 대한 상식 확인

호주는 전산처리 입국 심사제를 도입해 항공권을 구입하면 특별한 절차 없이 여행 비자가 자동 발급된다. 전산처리 비자 확인서만 챙겨 입국할 때 보여주면 OK! 일반적인 비자는 유효기간이 1년이며, 해당 기간 입국 횟수에 제한은 없다. 단 1회 체류 기간은 3개월. 기간 연장은 좀 까다롭지만 통장 잔액 증명서만 있다면 호주에서도 할 수 있다. 한마디로 통장 잔액에 따라 연장 기간이 결정되는 셈이니, 호주 여행을 3개월 이상 하려고 계획 중이라면 통장 잔액을 채워두자.

2 해외여행자 보험, 나라에 맞는 혜택이 있는지 체크

해외여행자 보험은 여러 개에 가입하지 않아도 된다. 여러 개에 가입해도 보상은 하나만 받을 수 있기 때문이다. 따라서 개수보다는 보상 혜택에 집중하자. 보험사별, 상품별로 보상 혜택이 다르니 여행하고자 하는 나라에 맞는 상품을 찾아 가입하자.

3 할인카드 &국제운전면허증

호주는 자국 학생에게만 학생 할인이 되며 국제학생증이 있다고 특별한 할인 혜택을 주지 않는다. 호주 내에서 사용할 수 있는 대표적인 할인 카드는 YHA 카드이다. 전 세계 84개국 6,000개의 유스호스텔을 사용할 수 있는 회원증으로, 한국 유스호스텔 연맹에서 발급받을 수 있다. 유스호스텔을 이용할 계획이라면 한국에서 만들어 가자. 더불어 렌터카, 캠핑카 등을 이용할 계획이라면 국제운전면허증도 반드시 챙기자. 운전면허시험장에서 신청하면 면허증 소지자는 누구라도 발급받을 수 있다.

Q7

호주 안에서 이동은 어떻게 하나요?

1 도시 간 이동 편 예약은 필수

호주는 굉장히 넓은 나라이다. 시드니와 멜버른은 비행기로 무려 1시간 30분이 걸린다. 2개 도시 이상 여행할 예정이라면 이동 편을 예약하는 것이 좋다. 장거리 버스, 기차, 비행기 등 호주 내에서 이동 교통편도 다양하고 장단점이 각기 다르기 때문에 꼼꼼하게 비교해보고 결정하자. 여행 일정이 1주일 이내로 짧을 경우 효율적인 이동과 여행을 위해 비행기를 권한다. 콴타스 항공사(www.qantas.com.au), 제트 스타(www.jetstar.com.au), 버진 오스트레일리아(www.virginaustralia.com) 등의 호주 내 항공사를 이용해 예약하면 된다.

2 기차 여행은 되도록 피하자

한 번쯤은 호주의 아름다운 자연을 느끼며 즐기는 기차 여행을 해보는 것도 좋다. 그러나 일정이 촉박하거나 더 많은 것을 경험하고 싶은 여행자는 피하기를 권한다. 운행 횟수가 적고 이동 시간이 길기 때문에 큰 인내심과 넉넉한 시간이 필요하다. 만약 기차 여행을 반드시 경험하고 싶다면 할인 패스를 꼼꼼히 비교해 선택하자. 종류로는 뉴 사우스 웨일스 주 일대에서 사용 가능한 디스커버리 패스, 브리즈번-케언즈 구간에서 사용할 수 있는 퀸즐랜드 코스탈 패스, 동부 해안과 내륙에서 모두 사용 가능한 퀸즐랜드 익스플로러 패스 등이 있다(www.acprail.com).

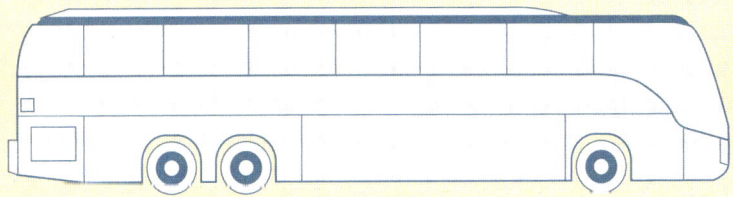

3 여행자를 위한 교통수단, 장거리 버스

많은 여행자들이 도시 간 이동 수단으로 장거리 버스를 선택한다. 노선이 많고, 터미널에서 시내까지의 거리가 비교적 가까우며, 요금이 저렴하다는 장점이 있다. 여러 종류의 패스도 준비되어 있다. 출발지와 목적지 사이 여러 도시를 여행하고 싶은 여행자를 위한 호프 온 호프 오프 패스, 이동이 잦은 장기 여행자를 위한 오지 킬로미터 패스, 교통수단에 특정 액티비티, 레포츠, 관광 일정 등이 포함된 오지 익스피리언스 패키지 등 특징이 각기 다르다. 장거리 버스를 이용할 때는 반드시 24시간 전에 인터넷으로 예약해야 하며, 짐의 무게는 20kg까지만 허용된다. 세면도구와 여름철 오랜 냉방에 대비할 수 있는 긴 옷과 침낭 등을 꼼꼼하게 챙기면 도움이 된다.

Q8

렌터카를 이용해 호주 여행을 계획하고 있다면?

1 렌터카, 인터넷 예약을 활용하자

운전자 정보, 픽업 장소와 날짜, 시간, 차량 종류, 내비게이션 등의 추가 옵션 여부를 먼저 정하고 인터넷을 통해 예약을 진행하면 된다. 일반적으로 인터넷 예약을 할 경우 현지 예약보다 저렴한 가격에 렌터카를 이용할 수 있다. 렌터카 브랜드 허츠의 경우 온라인 예약 시 현지에서 바로 이용하는 것보다 약 30%가 저렴하며 다양한 할인 프로모션, 제휴 호텔 및 항공사 마일리지 적립 등의 혜택을 제공한다. 또한 항공기 연착 등 예상 불가능한 문제를 걱정하는 여행객들을 위해 도착 항공편 정보를 입력하면 항공기 연착 시에도 예약을 보장해준다.

2 사전 준비는 최대한 꼼꼼하게!

렌터카 예약을 완료했다고 끝이 아니다. 여행지에서 자동차를 이용하는 것이기 때문에 사전 준비를 철저하게 하면 할수록 안전한 여행을 할 수 있다. 국제운전면허증, 국내 운전면허증, 여권, 신용카드, 온라인 예약번호 또는 예약 확인서는 반드시 챙겨야 한다. 또한 예약을 하면서 예약번호, 예상요금, 반납지역과 편도 반납 시의 추가 비용, 주의해야 하는 사항도 꼼꼼하게 체크해야 한다. 마지막으로 자동차 보험을 챙기자. 해외에서 직접 운전을 하면 대중교통을 이용할 때보다 예상치 못한 문제가 발생할 확률이 높아진다. 그렇기에 여행을 하는 동안 문제를 최소화할 수 있는 방법은 사전에 체크하는 것뿐이라는 사실을 잊으면 안 된다.

3 업체별 혜택 비교는 필수

렌터카 예약을 하기 전 업체별 회원 혜택, 특별 서비스 등을 찾아보기를 권한다. 렌터카 브랜드 허츠의 경우 골드회원으로 가입하면 별도 서류 작성 없이 차량 픽업, 회원 전용인 프로모션, 포인트 적립 및 차량 무료 업그레이드 등의 혜택을 제공한다. 이렇게 업체별 혜택을 비교해 더 완벽한 렌터카 여행을 계획해보자.

4 주의사항을 꼼꼼하게 챙기자

호주의 운전 방향은 우리와 반대이기 때문에 운전에 특히 주의해야 한다. 주행 시 모든 탑승자가 안전벨트를 해야 하며, 야생동물 표지판에 주의를 기울이는 것이 좋다. 이동 거리가 길 경우에는 연료와 주유소 정보를 확인해야 한다. 우리나라와 달리 24시간 운영하지 않거나 신용카드 사용이 불가능한 주유소들이 있으니 반드시 출발 전에 체크하자. 이 밖에도 호주에는 각 도시별로 특수한 도로규칙들이 있다. 트램이 많은 멜버른에는 좌측 라인으로 우회하여 우회전을 해야 하는 훅턴이라는 도로주행 규칙이 있다. 또한 트램이 정차할 때는 차량을 멈추고 승객이 타고 내리는 것을 기다려야 한다. 프레이저 아일랜드에서는 사륜구동 차량만 이용이 가능하다. 호주에서는 법규 외에도 태풍 등의 기상정보와 도로가 손상되지 않았는지 등에 항상 신경 써야 한다. 워낙 넓기 때문에 도시 간 이동 시 더욱 운전에 주의해야 한다.

Q9
면세점 똑똑하게 이용하는 방법은?

정가의 30-50% 저렴한 가격으로 제품을 구입할 수 있는 면세점 쇼핑은 해외여행을 계획하면서 가질 수 있는 또 하나의 즐거움이다. 특히 공항에서뿐만 아니라 여행 계획이 완료되면 '시내면세점'과 '인터넷 면세점'도 이용할 수 있다. 면세점 쇼핑도 여러 선택지가 있으니 꼼꼼하게 알아보고 똑똑하게 이용하자.

1 다양한 종류의 면세점, 어떻게 이용하면 될까?

여행 계획을 세운 후 출국까지 시간적인 여유가 있다면 시내면세점과 인터넷 면세점을 이용하는 것이 유리하다. 멤버십 할인, 쿠폰, 적립금 등 여러 혜택을 활용하면 조금 더 저렴한 가격에 제품을 구입할 수 있다. 단 비행기 시간, 여행 목적지에 따라 구매 제한이 있을 수 있으니 미리 체크해보자. 시내면세점의 경우 운영 시간을 확인하고 방문해야 한다. 시내에서 가장 늦은 시간에 면세점 쇼핑을 할 수 있는 곳은 밤 11시까지 운영하는 동대문 두타면세점이니 참고하자.

* 두타면세점 본점 : 서울특별시 중구 장충단로 275 두산타워 1F, 7F~13F
* 두타인터넷면세점 : www.dootadutyfree.com

2 면세점 쇼핑을 할 때 알아두어야 할 것은 무엇인가?

우선 여권과 항공권 또는 e 티켓은 필수이다. 항공권 예매가 확정되면 출국일로부터 60일 전부터 면세점을 이용할 수 있다. 내국인의 경우 면세품 구매 한도는 3,000$ (국산품은 제외)이며, 입국 시 면세 한도는 내외국인 모두 국산품과 수입품을 포함해 600$이다. 따라서 입국 시 구매한 면세품의 가격이 600$가 넘을 경우, 자진 세관 신고를 하고 세금 납부를 해야 한다. 제품별로 적용 세율이 다를 수 있으니 구매할 때 미리 체크하자.

인터넷 면세점을 이용하는 경우에는 여권과 항공권 외에 본인 인증이 가능한 핸드폰 번호가 필요하다. 또한 인터넷 면세점에 없는 브랜드나 제품도 '스페셜 오더'로 문의하면 상품 유무 확인 후 주문 가능 여부를 알려준다. 사고 싶은 물건이 명확한 경우 온라인을 활용하면 좀 더 편리하게 원하는 쇼핑을 할 수 있다.

항공권 예매가 확정되면 출국 60일 전부터 면세점을 이용할 수 있다.

쿠폰이나 멤버십 혜택 등이 면세점마다 다르니 이용하기 전 미리 확인해보면 좋다.

시내 또는 인터넷 면세점에서 구매한 제품은 출국 시 면세품 인도장에서 수령이 가능하다. 여권과 항공권, 제품 교환권 등을 제시해야 하니 잊지 말고 챙기도록 하자.

³ 면세점을 똑똑하게 이용하는 방법은?

대부분의 면세점에서는 멤버십 제도와 다양한 할인 쿠폰 프로모션을 진행하고 있다. 회원 가입을 하면 회원 전용 기본 할인 혜택을 받을 수 있으며, 구매 금액과 가입 기간을 기준으로 쿠폰, 적립금 혜택이 다르게 제공된다. 특히 인터넷 면세점에서는 기본 멤버십과 별도로 구매 등급 제도가 있어 더욱 실속 있는 면세 쇼핑을 즐길 수 있다. 두타면세점의 경우 회원 등급별로 최대 20%까지 기본 할인 혜택을 제공한다. 각 면세점 별로 운영하는 이벤트에도 주목하자. 해외여행 전 부지런한 면세점 쇼핑 정보 탐색은 필수!

⁴ 구매한 제품은 어떻게 받으면 될까?

시내면세점, 인터넷 면세점을 이용해 구매한 제품은 출국 당일 공항 인도장에서 찾을 수 있다. 면세품 수령은 반드시 출국하면서 해야 한다는 점을 잊지 말자. 해외에서 한국으로 돌아올 때는 면세품 수령이 불가하다. 면세품 인도장에서는 본인이 구매한 제품만 수령이 가능하다. 제품 수령 시에는 여권과 항공권, 제품 구매 시 받았던 교환권을 제시해야 하며, 인도장에서 상품을 확인하고 문제가 있으면 바로 직원에게 문의해야 한다. 이후 환불이나 교환이 어려울 수 있으니 물건을 받으면서 바로 확인하는 것이 좋다.

Q10

스마트폰 로밍과 심 카드 구매는 어떻게 하나요?

¹ 데이터 로밍 VS 심 카드

여행 일정이 길수록 데이터 로밍보다 유심칩을 구매해 사용하는 것이 유리하다. 호주에서 가장 유명한 통신사는 Vodafone과 Optus가 있다. Vodafone은 인터넷 사용이 가능한 지역이 비교적 넓은 편이고, Optus는 비용이 더 저렴하니 참고하자. 공항에서 유심칩을 사지 못했다면 시내 통신사나 마트에서도 구매할 수 있다. 하루 2AUD면 500MB의 데이터와 무제한 문자, 전화(국제전화, 문자 포함)를 사용할 수 있다. 유심칩을 바꿔 끼운 후 기존에 사용하던 유심칩을 보관하는 것도 유의하자. 이외에도 휴대용 Wi-Fi를 사용하는 방법도 있다. 여행 일정에 따른 비용을 꼼꼼하게 비교한 후 선택하자.

² 빠른 인터넷, 무료 인터넷을 기대하지 말자

한국에서 사용하던 인터넷 속도를 기대하면 안 된다. 호주 인터넷은 인내심을 키울 수 있을 만큼 느리다. 또한 Wi-Fi가 무료인 곳을 찾기도 쉽지 않다. 인터넷 요금이 비싼 나라 중 하나이기 때문에 호텔도 무료 사용이 안 되는 경우가 대부분이니 참고하자.

Q11

세금 환급, 어떻게 받으면 되나요?

1 부가가치세와 면세

호주 내에서 구매하는 모든 상품이나 서비스에는 10%의 부가가치세가 부과된다. 물건을 살 때 GST(부가가치세)가 포함되어 있는지 확인하고, 환급을 받으려면 영수증과 택스 인보이스를 잘 챙기자. 단, 한 상점에서의 구매액이 300AUD 이상일 경우에만 환급받을 수 있다. 또한 호주 거주자가 아닌 경우 호주에서 산 항공권과 물건에 한해 세금이 면제된다는 것도 알아두자.

2 여행자의 세금 환급

30일 이내 여행자는 거주민에게 부과하는 부가가치세를 내야 할 이유가 없다. 이는 다르게 말하면 호주에서 구매한 물건에 포함된 대부분의 세금을 환급받을 수 있다는 의미이다. 출국일로부터 30일 전까지 산 물건 중 한 상점에서 구매액이 300AUD 이상일 경우 공항에서 세금을 환급받을 수 있다. 공항 내에 있는 여행자 세금 환급 코너 TRS에 택스 인보이스와 영수증을 제출하면 된다. 환급금은 호주의 은행 계좌나 수표 등으로 받게 되는데, 신용카드가 있으면 카드 계좌로 받을 수 있으며 5~15일(수표의 경우) 이내에 입금된다. 이때 간혹 구매한 물건을 직접 보여줘야 하는 경우도 있으니 물건을 꺼내기 쉽게 준비해두는 것이 좋다.

Q12

호주 여행 시 꼭 챙겨야 하는 마음가짐은?

1 여행에 여유를 주자

모든 여행을 연수처럼 짜면 안 된다. 일단 호주는 여러 번 이야기했지만 굉장히 넓은 대륙이기 때문에 도시에서 도시를 이동하는 것을 쉽게 생각하면 안 된다. 날씨, 교통 상황 등에 따라 어떤 변수가 생길지 알 수 없다. 따라서 여행 스케줄을 짤 때나 여행을 할 때 여유를 가지는 것이 중요하다. 더불어 이동 시간도 조금 더 여유롭게 잡고 전체적인 여행 스케줄을 짜는 것이 좋다. 약간의 여유가 여행의 행복지수를 높여줄 수 있을 테니 말이다.

2 욕심을 버리자

며칠 동안 한 나라의 모든 것을 다 경험하고, 볼 수는 없다. 스스로 여행을 통해 얻고 싶은 것과 보고 싶은 것, 어떤 부분에 중심을 가지고 여행하고 싶은지 등을 확실히 하는 게 좋다. 또한 여행 중간중간 마음을 움직이는 곳을 만났다면, 하나라도 더 보겠다는 욕심보다는 마음에 든 곳을 더 깊게 느껴보는 것을 추천한다.

PART **2**

About

호주, 어디까지 알고 있니?

여행지에 대해서 얼마큼 알고 떠나느냐에 따라
우리가 보고, 듣고, 느낄 수 있는 범위가 달라진다.
전 세계에서 유일하게 대륙 자체가 하나의 나라인 호주는,
넓은 면적만큼 다양한 이야기들이 있는 나라이기도 하다.
그래서 준비했다.
이것만큼은 꼭 알고 떠나자!

AUSTRALIA

POINT 01

호주의 역사
HISTORY

● 호주라는 국가가 세계사에 등장한 것은 오래되지 않았지만, 호주 대륙의 역사는 굉장히 오래되었다. 특히 세계에서 가장 오래된 원주민인 어보리진 부족은 6만여 년 전부터 호주에 정착했다. 이들은 아시아에서 바다를 건너 호주 대륙에 터를 잡고 부족 사회를 이루었다. 그때부터 새로운 대륙을 찾아 전 세계를 탐험하던 유럽 백인들에 의해 호주가 발견되는 16세기까지 원주민은 부족사회를 형성하며 서로 간의 존중을 바탕으로 평화로운 삶을 유지했다. 이는 벽화에 그려진 그림 등을 통해 확인할 수 있는데, 어보리진 원주민들의 성지이자 세계 유산으로 지정된 카카두 국립공원 바위나 동굴 벽에 그들의 벽화가 그대로 보존되어 있다.

이후 유럽 여러 나라의 탐험가들에 의해 차츰 호주 대륙이 발견되기 시작했다. 그러나 방대한 자연만 있을 뿐 유럽인들의 호기심을 자극할 수 있는 향신료, 황금 등은 발견되지 않았다. 때문에 유럽인들에게 호주는 관심 밖의 넓은 땅일 뿐이었다. 하지만 1768년 영국 왕실 소속 해군 제독이었던 제임스 쿡 선장이 호주를 영국의 식민지로 선포하며 평화는 깨진다. 미국의 독립으로 죄수를 수용할 시설이 부족해지고 영국의 국제적 위상이 떨어지는 것에 대처하기 위해 호주를 식민지화했던 것이다.

1788년 1월 26일, 호주의 초대 총독으로 발령받은 아서 필립이 호주 땅을 밟게 된다. 이때부터 호주에서 백인들의 역사가 시작되었다. 16만 명의 영국 죄수들이 이송되며 평화롭던 호주는 유배지로 변했고, 식량부족과 전염병 등으로 어려움을 겪는다. 그러나 감옥 생활을 마친 죄수들이 주인 없는 토지를 개발하며 본격적인 식민지 개발이 시작되었고, 호주 전역은 조금씩 발전하게 된다. 그러다 1850년대에 이르러 금광이 발견되며 한층 급격한 변화를 겪게 된다. 연이은 금광의 발견과 대량의 금맥으로 호주 경제는 빠르게 성장했고, 유럽인들을 비롯해 미국, 중국 등 여러 나라 사람들이 호주로 모여들었다. 갑작스럽게 다양한 인종이 뒤섞이면서 사회문제들이 발생했고, 호주 내 유럽계와 비유럽계를 구분하는 백 오스트레일리아(오스트레일리아는 백인의 나라)라는 사상이 생기며 인종차별이 발생하게 되었다.

골드러시가 지나가며 호주 경제와 정치는 안정을 찾기 시작했고, 각 주는 영국 총독들의 통치에서 벗어나 자치권을 찾았다. 1890년 서 호주를 마지막으로 호주의 모든 주가 자치권을 갖게 되었다. 이후 각 주 사이에 생겨나는 분쟁들을 해결하기 위해 연방 정부의 필요성을 느끼게 됐고, 10여 년의 논의 과정을 거쳐 뉴질랜드를 제외한 6개 주가 호주 연방을 발족했다. 이로써 1901년 1월 1일 호주는 연방 국가로 재탄생하며 세계사에 등장했다. 연방 국가로의 입지를 다지기 위해 백 오스트레일리아 주의를 없애고 전 세계인의 이민을 허용하며 구성원은 더욱 다양해졌다. 특히 아시아인들의 이주가 늘면서 아시아와의 교역도 늘어났다. 대한민국과도 1961년 10월 정식 외교 관계를 체결했다.

사실 호주의 역사는 200여 년이다. 다른 나라들과 비교하면 짧은 역사라고 할 수 있다. 또한 인종차별과 원주민에 대한 좋지 못한 정책 등 여러 문제점이 있었던 것도 사실이다. 그러나 그 시간들을 지나 융합이라는 원칙을 세우고 원주민과 이민자들이 함께 살아가는 사회를 만들어 나가고 있다. 더불어 다민족 다문화 국가로서의 정비도 본격적으로 진행하고 있다. 이런 역사적 배경 때문인지 호주의 음식, 축제 등에서 다양한 민족의 특성을 느낄 수 있다. 호주 여행을 하는 동안 이런 문화적 특색을 느껴보는 것도 재미있는 추억이 될 것이다. 더불어 역사적인 상소들을 일정에 넣어보는 것도 호주 여행에 의미를 더해 줄 것이다.

POINT 02

호주의 인물
PERSONAGE

● 호주를 대표하는 인물들의 모습은 호주 화폐에서 확인할 수 있다. 호주 화폐에는 평등주의가 깊게 녹아 있다. 최고 통치권자들이나 자산가들이 등장하기보다 소수자를 위해 힘쓴 인물, 호주의 평등주의를 위해 노력한 인물들과 예술인들이 등장한다. 이는 성공한 사람들이 아닌 '이름 없는 영웅들'이 진정한 호주의 영웅이라는 생각과 일맥상통하는 부분이다.

첫 번째 인물은 1861년부터 1931년까지 살았던 넬리 멜바이다. 넬리 멜바는 전설적인 소프라노 가수로 당시 런던, 파리, 뉴욕으로 이어지는 그녀의 인기는 상상을 넘어설 정도였다. 그녀의 이름을 활용한 상품들까지 나왔는데, 그중에서도 그녀가 즐겼던 토스트와 칵테일은 멜바 토스트와 피치 멜바라는 이름으로 불렸다. 여기서 끝이 아니라, 유럽과 미국에서 멜바 극장이 문을 열었으며 당대 오페라 작곡가였던 베르디, 푸치니 등이 그녀와 아리아를 상의했다는 에피소드까지 전해진다. 그만큼 넬리 멜바는 전 세계적인 사랑을 받았던 예술가였다. 그녀는 자국에 대한 애정이 넘쳐서 본명 대신 멜버른 출신의 디바를 뜻하는 멜바라는 이름을 사용했다. 작은 규모의 자선공연에 기꺼이 참석했으며 멜버른 음악원에서 노래를 가르쳤다. 현재 그 학교는 멜바 음악원으로 불린다. 1931년 그녀가 사망하자 20여만 명의 조문객이 몰렸으며, 1996년 그녀의 초상이 고액권 지폐에 등장하자 많은 호주 국민들이 환영했다. 넬리 멜바의 얼굴은 호주의 100달러 지폐에서 확인할 수 있다.

호주 50달러 지폐에서 확인할 수 있는 얼굴은 데이비드 우나이폰과 에디스 코완이다. 이들의 공통점은 호주의 소수자들을 위해 노력했다는 것이다. 원주민이었던 데이비드 우나이폰은 태어나자마자 백인들에 의해 강제로 시설에 맡겨진 '훔쳐진 세대'였다. 따라서 그는 부모님 얼굴이나 고향 마을에 대한 어떠한 기억도 없었다. 그저 상상력으로 시와 소설을 완성했다. 이후 그는 최초로 작품집을 발간한 원주민으로 기록됐다. 그의 상상력은 과학과도 연결되어 수많은 발명품을 완성했다. 원주민의 사냥 도구인 부메랑의 역학을 연구해 헬리콥터 발명에 영감을 준 일화도 유명하다. 호주 최초의 여성의원인 에디스 코완은 여성과 아동 인권 보호를 위한 삶을 살았던 인물이다. 1907년 서 호주에 미성년들을 위한 청소년 재판소 설립을 추진함으로써 미성년자의 권익 보호에 앞장섰다. 1920년 여성의 의회 피선거권이 인정되자 다음 해 하원의원에 진출해 여성의 권리와 이민자 복지를 위해 노력했다.

이들 외에도 20달러 지폐에서는 메리 레이비와 존 플린의 얼굴을 확인할 수 있다. 말을 훔친 혐의로 7년 유형을 선고받고 전과자로 호주에 왔으나 19세기 초 사업가로 크게 성공해 자선사업에 힘쓴 메리 레이비. 비행기로 날아가 의료 서비스를 제공하는 Royal Flying Doctor Service of Australia(RFDSA)의 전신을 설립한 존 플린. 그가 세운 RFDSA는, 오늘날 호주 본토의 80%에 달하는 면적에 항공 의료 서비스를 제공하고 있다. 10달러 지폐에 얼굴이 있는 호주를 대표하는 시인 앤드류 패터슨과 메리 길모어 등도 평등한 호주를 위해 노력한 인물들이다.

+ 재미있는 한 뼘 스토리

화폐에 새겨진 엘리자베스 2세의 변천사

호주의 5달러 지폐에는 영국 여왕인 엘리자베스 2세의 초상이 사용되었다. 영국 여왕은 지폐에 가장 많이 등장하는 인물로 호주, 캐나다, 뉴질랜드 등 영연방 국가였거나 영국령에 속했던 20여 개국의 화폐에서 얼굴을 확인할 수 있다. 호주의 동전 또한 뒷면에 공통으로 엘리자베스 2세의 초상이 새겨져 있는데, 여왕이 나이가 드는 모습을 확인할 수 있다. 이는 동전이 만들어진 연도 당시의 여왕 모습을 새겼기 때문이다.

POINT

03

호주의 예술
ART

● 호주의 예술은 역사와 깊은 연관을 가진다. 호주는 원주민이 살기 시작한 이후 영국의 식민지, 유럽인과 아시아인들의 이주 등을 통해 다민족으로 구성된 연방 국가로 자리 잡았다. 따라서 예술 역시 다양한 민족들의 각기 다른 개성이 담겨있는 형태로 발전해 왔다.

여행을 하면서 호주의 예술을 느끼기 위해 살펴봐야 할 것들도 다양하다. 뉴 사우스 웨일스 미술관과 브리즈번 현대 미술관 등 대형 아트 갤러리들을 통해 오늘날의 호주 예술과 문화를 경험할 수 있다. 시드니에서 가장 큰 현대 미술관과 관광객들의 필수 여행 코스 중 하나인 멜버른 미술관도 놓치기에는 아깝다. 원주민들의 예술을 느끼고 싶다면 카카두 국립공원이나 플린더스 산맥으로 향하면 된다. 이외에도 캔버라의 수많은 원주민 예술 컬렉션이나 다윈의 예술 거리도 호주 예술을 대표하는 장소들이다. 원주민 아트에서 현대 예술까지 호주의 예술적 흔적들만 따라가도 충분히 잊을 수 없는 호주 여행을 완성할 수 있을 것이다.

+ 5만여 시간의 기록, 원주민 예술

호주 원주민은 세계에서 가장 오랜 역사를 가진 원주민들로, 5만여 년의 전통을 자랑한다. 따라서 원주민들의 예술은 풍요롭다. 문명이 발달하기 전 인류가 어떤 형태로 삶을 이어왔는지, 어떤 춤과 노래를 즐겼는지 원주민들이 남긴 벽화를 통해 확인할 수 있다. 특히 호주는 원주민들이 넓은 지역에서 다른 부족을 만들어 생활했기 때문에 각 부족만의 문화가 남아 있다는 것이 특징이다. 노던 테리토리에서 원주민 역사가 깃든 지역을 탐사하거나 레드 센터를 방문해 아낭구 부족의 가이드를 받으며 울룰루 기슭을 걸어보는 것도 특별한 예술 체험 시간이 될 것이다. 2만여 년 전부터 아란다 부족이 살아온 엘리스 스프링스, 각종 벽화를 볼 수 있는 천연 암각 예술 갤러리 카카두 국립공원까지 호주 곳곳에서 원주민 예술을 확인할 수 있다. 자연과 함께, 과거의 시간을 고스란히 간직한 원주민 예술은 인간의 가장 원초적인 감성들을 느낄 수 있는 바탕이 되어 줄 것이다.

+ 예술의 다양한 형태, 호주 예술

원주민 예술을 지나 호주의 현대적 예술을 확인할 수 있는 곳들도 다양하다. 시드니는 도시의 상징인 오페라 하우스를 통해 건축 예술을 느낄 수 있는 곳이며, 서사적 전시물과 거리 예술이 절묘하게 대조를 이룬 멜버른은 예술의 도시라고 해도 과언이 아니다. 호바트에서는 호주의 가장 오래된 극장에서 연극을 관람해보고, 퍼스의 갤러리와 박물관, 프리맨틀의 해변 예술 거리까지 거닐어 본다면 호주를 채우고 있는 예술의 향기에 맘껏 취할 수 있을 것이다. 또한 다윈 예술 지구를 방문하면 원주민 예술부터 오늘날의 호주를 대표하는 예술까지 한눈에 확인할 수 있다.

POINT 04

호주의 자연
NATURE

- 수많은 국립공원과 야생 동물, 눈을 뗄 수 없는 경관을 가진 호주는 세계에서 가장 뚜렷하고 다양한 자연환경을 가진 곳이다. 순도 높은 청정 자연이 살아있는 자연의 나라 호주. 이런 수식어가 붙을 수 있는 것은 3개의 문화유산, 4개의 세계 복합유산, 12개의 세계 자연유산 등 세계적으로 인정받은 자연 경관이 특히 많기 때문이다. 따라서 세계 유산을 모두 경험하는 자연 여행 또한 호주 여행의 좋은 테마가 될 것이다.

+ 호주의 세계 문화유산

우선 3곳의 세계 문화유산부터 살펴보자. 가장 먼저 등재된 것은 왕립 전시관과 칼턴 정원이다. 1880년과 1888년 멜버른에서 열린 국제 전시를 위해 건축된 왕립 전시관은 비잔틴, 로마네스크, 롬바르디아, 이탈리아 르네상스 양식까지 혼재된 독특함을 자랑한다. 또한 국제 전시를 위해 건축된 건물 중 유일하게 옛 모습을 보존하고 있는 곳이기도 하다. 19세기 정원 양식을 대표하는 칼턴 정원 역시 온전한 상태로 보존되어 있다. 칼턴 정원은 19세기와 20세기 초 지식과 아이디어를 교환함으로써 산업화와 국제 무역 발전에 도움을 주며 전개되었던 국제 전시 운동의 영향이 반영된 유적지이기도 하다. 이외에도 20세기 현대 건축의 백미로 인정받는 시드니의 오페라 하우스, 18-19세기 영국 범죄자들의 유형지로 건설된 유형수 유적 등이 세계 문화유산으로 인정받았다.

+ 호주의 세계 복합유산

문화유산과 자연유산의 특징을 복합적으로 가지고 있는 복합유산은 전 세계적으로 31곳만 등재되어 있는데 그중 4곳이 호주에 있다. 호주 중부 광활한 붉은 모래 평원에 형성된 울룰루 국립공원. 아낭구 원주민들이 예부터 소유해 온 거대한 단일 암석인 울룰루와 서쪽 바위 돔 카타 추타는 세계에서 가장 오래된 전통 신앙 체계의 일부를 이룬다. 호주 원주민들의 성지이자 그들의 흔적이 벽화로 남겨져 있는 카카두 국립공원, 계곡과 호수, 울창한 고대 원생림이 어우러진 신비한 분위기의 테즈매니아 야생 지대, 약 4억 년 전 호수 지형이 돌출되어 형성된 사막 지역이자 태고 시대에 서식했던 동식물의 화석이 엄청나게 발견되는 윌랜드라 호수 지역도 복합유산으로 등재되어 있다.

+ 호주의 세계 자연유산

호주는 자연의 나라인 만큼 자연유산이 특히 많다. 동부 해안을 따라 2,000km 넘게 형성되어 200여 종 이상의 산호초가 있는 세계 최대 대산호초 군락지 그레이트 베리어 리프, 동부 해안 지역에 해저 화산 활동으로 형성된 28개의 섬들을 아우르는 로드하우 제도, 동남부 열대 우림 지역인 열대우림 보호구, 고대륙부터 있었다고 추측되는 지구에서 가장 오래된 숲을 가진 퀸즐랜드 열대 습윤 지역, 해조 숲과 희귀동물 듀공의 서식지이며 지구에서 가장 오래된 생명체 중 하나인 스트로마톨라이트 화석이 발견된 샤크만, 세계 최대 규모의 모래섬 프레이저 아일랜드, 포유류의 진화 과정을 알려주는 화석들이 발견된 호주 포유류 화석 지대, 화산 활동과 빙하 작용을 동시에 관찰할 수 있는 섬들로 이뤄진 허드&맥도널드 제도, 지진 활동에 대한 중요 정보를 제공하는 맥쿼리 아일랜드, 유칼립투스로 뒤덮인 그레이터 블루마운틴 지역, 3억 5천만 년 전 사암층이 침식되어 생긴 바위산들이 있는 파눌룰루 국립공원, 세계에서 가장 긴 근해안 암초 군락지이자 희귀동물들의 서식지인 닝갈루 해안까지 모두 12곳이 세계 자연유산으로 인정받았다. 대부분 세계적으로 오래되거나 고대 역사를 볼 수 있는 자연유산들이며 인간이 미처 알지 못하는 지구의 자연적 현상들이나 지나온 시간에 대한 자연적 기록을 확인할 수 있다는 의미가 있다. 이런 자연유산은 한번 눈에 담아 두면 평생 기억에 남을 정도로 강렬하니, 호주를 여행 중이라면 반드시 지구의 숨겨진 자연을 직접 경험하자.

POINT

05

호주의 음식
FOOD

● 호주는 오염되지 않은 청정 자연 덕분에 신선하고 다양한 산물이 생산되는 나라이다. 때문에 호주 음식은 다양한 맛을 자랑한다. 흥미로운 식재료를 바탕으로 다양한 문화가 섞여 퓨전 음식들이 발전했다. 호주 음식이 발전한 것은 특히 라이프 스타일의 영향이기도 하다. 화창한 날씨, 아름다운 자연경관, 따스한 햇볕까지 갖춰진 호주에서는 야외 식사를 즐기지 않는 것이 이상한 일일 정도. 자연을 배경 삼아 최고의 레스토랑에 간 느낌으로 음식을 먹고 이야기를 나누는 호주의 야외 만찬은 여행 중 한 번은 꼭 즐겨봐야 하는 경험이다.

호주에는 몇 가지 대표 음식이 있다. 담백한 소고기와 비슷한 맛을 가진 캥거루 스테이크는 호주인들이 즐겨 먹는 음식이다. 영국의 대표 음식으로 많이 알려진 피시 앤 칩스 역시 호주인들에게 사랑받는 음식이다. 영국의 식민지였기 때문에 호주에서도 피시 앤 칩스는 가장 보편적인 음식인데, 우리나라와 비교해 가정식 백반 정도라고 생각하면 된다. 채소에서 추출한 즙과 소금, 이스트 추출물로 만든 스프레드인 베지마이트는 호주의 국민 잼이라고 불릴 정도로 인기가 좋다. 호주를 대표하는 디저트인 레밍턴 케이크, 닭고기나 소고기를 갈아 만든 빵인 미트 파이도 빼놓으면 아쉬운 호주의 대표 음식들이다.

　호주 음식에 대해 이야기하면서 맥주와 와인을 빼놓는 것은 불가능하다. 호주에는 주별로 고유한 브랜드의 맥주가 생산된다. 그중 호주 사람들이 가장 즐겨 마시는 맥주는 비비(VB)라는 애칭으로 불리는 빅토리아 비터 맥주. 이 밖에도 포스터스, 테즈매니아 대표 맥주 캐스케이드, 퀸즐랜드 대표 맥주 포엑스 등도 호주에서 널리 사랑받는 맥주들이다. 1인당 맥주 소비량이 세계 3위일 만큼 맥주를 사랑하는 호주인. 각 주에서 생산되는 맥주를 맛보는 것도 여행 중에만 느낄 수 있는 즐거운 경험이 될 것이다.

　200여 년이 채 안 됐지만 유럽과 비교해도 뒤지지 않는 호주 와인 역시 꼭 맛봐야 한다. 바로사 밸리, 야라 밸리, 마거릿 리버, 헌터 밸리 등 와인 산지로 유명한 지역에서 생산되는 와인은 맛과 향에서 특히 높은 평가를 받고 있다. 호주에서 특별하게 즐길 수 있는 것 중 하나는 카스크에 담긴 와인. 3-5L의 와인이 든 종이 상자를 카스크라 하는데, 수도꼭지에서 와인을 따라 마시면 물 대신 와인이라는 말을 실감할 것이다.

　그러나 호주는 술에 대해 워낙 엄격한 정책을 가지고 있어 여러 주의점이 있으니 술을 즐기는 여행자라면 반드시 체크하자. 맥주와 와인을 먹기 위해서는 술을 판매하는 리큐어 숍에 가야 한다. 또한 거리나 공공장소에서 기분에 취해 술을 마시면 100AUD의 벌금을 내야 한다. 주류를 판매하지 않는 레스토랑이나 직접 가져온 주류를 마실 수 있는 BYO 레스토랑 등이 있으니 레스토랑을 선택할 때 참고하자. 호텔에서도 밤 12시 이후에는 술을 살 수 없는 경우가 대부분이다. 또 술에 취한 상태로는 바나 레스토랑에서 술을 주문해도 판매하지 않는다.

POINT 06

호주의 쇼핑
SHOPPING

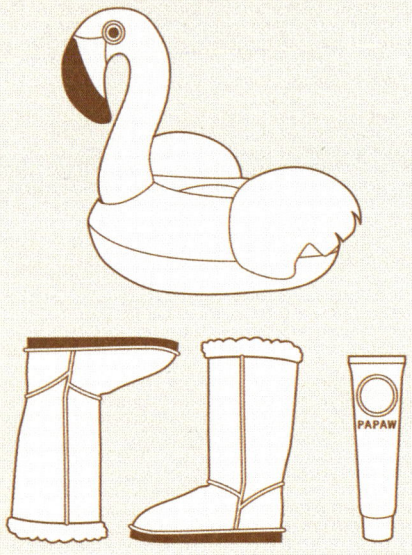

● 호주에는 미국의 블랙프라이데이와 마찬가지로 크게 세일을 하는 박싱데이(Boxing day)가 있다. 크리스마스 다음 날인 12월 26일 호주 전역에 있는 쇼핑몰에서 큰 폭의 세일을 진행한다. 명품은 물론 가전제품, 화장품, 의류 등을 아주 저렴하게 판매하기 때문에 경쟁이 심한 브랜드는 새벽부터 줄을 서야 한다.

박싱데이에 맞춰 방문하지 않아도 호주에서 꼭 구매해야 할 품목들이 있다. 제일 잘 알려진 것은 양털로 이뤄진 제품들인데 어그 부츠의 경우 우리나라와 비교해 크게는 50% 정도까지 할인된 가격으로 구매할 수 있다. 그 외에도 양털 이불 등 양털로 이뤄진 제품을 우리나라보다 현저하게 저렴한 가격에 판매하고 있다.

여름휴가 시즌에 가장 핫한 물놀이 용품 브랜드인 '써니 라이프'도 호주 브랜드이다. 플라밍고 튜브로 인스타그램, 페이스북 등에서 인기몰이를 한 써니 라이프는 국내에 정식 수입되지 않아 호주 현지보다 다소 비싼 가격으로 구매해야 한다. 호주에 들렀다면 써니 라이프 튜브 하나쯤 장만하자. 튜브 종류가 다양하고 그 외에 도시락, 에코백 등의 품목도 준비돼 있다. 또 유니크한 비키니나 래시가드로 유명한 호주 브랜드 빌라봉, 이효리가 들고 나와 유명세를 치른 컨버스 재질의 가방이나 옷이 있는 컨트리 로드 등도 호주 로컬 브랜드로 유니크한 멋을 자랑한다.

호주는 천혜의 자연을 가지고 있어 질 좋은 건강식품이나 의약품 등이 합리적인 가격으로 공급되고 있다. 벌레 물린 곳에 발라도 좋고 립글로스 대신 쓸 수 있는 포포 크림, 면역력에 최강이라고 알려진 프로폴리스, 중년층들의 건강식품으로 알려진 폴리코사놀 등은 꼭 구매해야 할 리스트에 올리자. 건강 보조 식품 브랜드인 블랙모어는 비타민, 관절에 좋은 약, 철분 등 아주 세분화된 품목을 저렴한 가격에 판매하고 있다. 대형 쇼핑몰에서는 종종 일부 품목을 파격 세일하는 경우가 있으니 호주 대형 마켓인 울 워스나 콜스 등에서 비교해보고 구매하자. 울 워스나 콜스는 우리나라의 이마트 같은 대형 마트로 약품은 물론 호주의 유명한 간식인 팀탐 역시 구매할 수 있다. 팀탐은 국내에 수입되는 품목 외에도 다양한 맛이 존재하기 때문에 마트에 들렀을 때 꼭 확인해보자.

TRAVEL PACKING LIST
여행 준비물 목록

ESSENTIAL
기본 물품

CLOTHES
의류

ACCESSORIES
액세서리

TOILETRIES & COSMETICS
세면도구&화장품

ELECTRONICS & GADGETS
전자제품&장비

OTHER
그 외

CHECK LIST

장소, 음식, 쇼핑 등 여행 중 경험하고 싶은 나만의 목록을 만들어 사용해보세요

	CHECK		CHECK

© Tourism Australia

PART
3

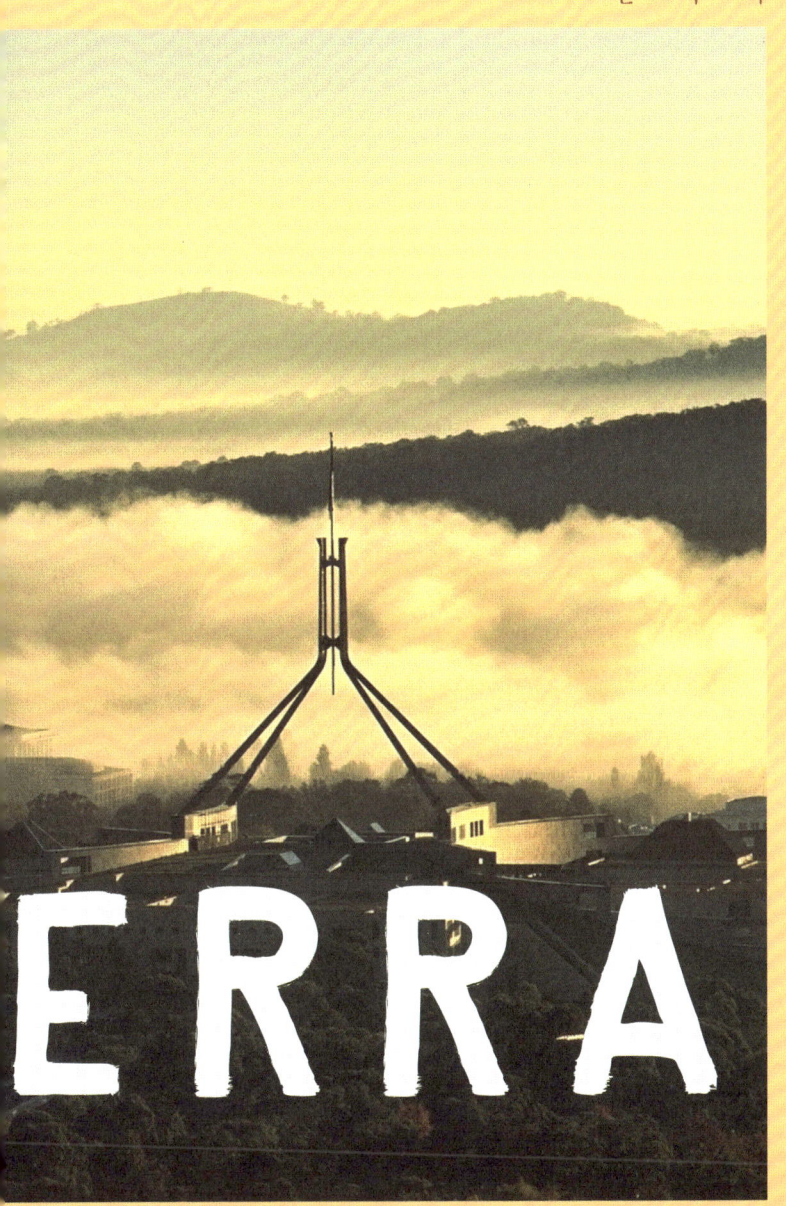

호주 수도 특별 자치구,
캔버라

세계 최대의 계획도시
캔버라

CANBERRA

● 호주 수도 특별 자치구는 호주의 수도 캔버라를 지칭한다. 호주 정부가 자치권을 얻은 뒤 민심을 모으고 새 정부를 대표할 수 있는 수도 건립을 놓고 고민할 때 시드니와 멜버른이 서로 수도가 되어야 한다며 싸움을 시작했다. 이후 7년 동안 수도 정하기는 결론이 나지 않았고, 어느 쪽도 선택할 수 없었던 호주 정부는 두 도시의 가운데에 새로운 수도를 건립하기로 한다. 이렇게 건립된 새로운 수도가 캔버라이다. 처음에는 5만 명의 인구뿐이었지만, 지금은 30만 명이 넘는 인구와 정치, 외교, 경제의 중심지로 호주를 대표하는 도시가 되었다.

캔버라는 세계 최대의 계획도시이자 황무지 위에 세워진 인공도시이기도 하다. 미래 도시의 모델인 셈. 그렇기 때문에 아주 깔끔하고 질서 정연하다. 캔버라에서는 차분하고 정돈된 수도의 모습을 느낄 수 있다. 더욱이 국회의사당, 호주 전쟁 기념관, 호주 국립 갤러리, 다수의 대사관, 원주민 아트 전문 갤러리, 포처스 웨이에 이어진 와이너리와 국립공원, 자연 보호 구역까지 있어 작은 호주라고 부를 수 있다.

각종 축제도 빼놓으면 아쉽다. 봄이면 세계 최대 규모의 봄맞이 축제 '플로리에이드'가 열리고, 가을이면 하늘이 열기구로 가득 차는 열기구 축제가 열린다. 캔버라 곳곳에 숨은 볼거리를 즐기면서 호주 수도를 마음껏 느껴보면, 인간의 능력에 대해 새삼 놀랍다는 생각이 들 것이다. 인간에 의해 만들어진 하나의 거대한 생명체 같은 호주 수도 특별 자치구. 또 다른 호주를 만나기에는 제격인 곳이다.

CHECK 1. 이곳에 가려면!

한국에서 캔버라까지의 직항은 없다. 그러나 시드니, 멜버른, 브리즈번, 퍼스, 애들레이드, 뉴캐슬에서 캔버라까지 가는 직항이 있으니 비행기로 가려면 해당 도시에서 호주 국내선을 이용하면 된다. 캔버라 공항에 도착하면 시내까지는 멀지 않다. 택시로 이동해도 요금이 부담스럽지 않을 정도. 공항 셔틀버스를 이용해도 20분 정도면 시내에 도착한다. 루프 서비스 코너에서 에어 라이너라고 쓰인 미니버스를 이용하면 된다. 이외에도 시드니와 멜버른을 장거리 버스로 이동한다면 중간에 캔버라를 거칠 수 있다. 이때 짧은 캔버라 여행 후 다시 이동하는 것도 방법이다. 기차를 이용하는 여행자의 경우 시드니에서 캔버라로 가는 기차가 1일 2회 오전과 오후에 있다. 캔버라 역에서 시내까지는 39번, 80번 버스를 이용하면 된다.

CHECK 2. 이곳을 여행하려면!

국가를 대표하는 수도라고 하기에는 작은 곳이지만, 그렇다고 걸어서 이동할 수 있을 정도의 넓이는 아니다. 캔버라를 여행하려면 이동 수단을 잘 활용해야 한다. 캔버라 내 이동 방법은 크게 세 가지로 나눌 수 있다. 첫 번째는 자전거. 계획도시이기 때문에 언덕보다 평지가 많고, 자전거 전용 도로가 잘 정비되어 있다. 자전거를 타고 캔버라 곳곳을 둘러보는 것도 매력적인 이동 방법! 단 자전거로 여행을 즐길 때 헬멧을 비롯한 안전 장비를 반드시 갖추고, 자전거 대여소에서 지도를 챙기는 것도 잊지 말자. 일반적인 교통수단인 액션 버스도 유용하다. MyWay라는 이름의 버스 티켓을 구매하면 액션 버스를 모두 이용할 수 있으며 1시간 30분 이내에 환승도 가능하다. 1회 신규 가격은 2.91AUD. 5AUD에 카드를 구매해 원하는 금액만큼 충전해 사용하면 된다. 주요 관광지를 경유하는 노선은 34번이니 참고하자. 이외에 빨간 버스라고 불리는 캔버라 시티 익스플로러도 관광지를 두루 둘러보기에는 편리하다. 24시간 동안 유효한 티켓을 구매하면 시내 15개 핵심 관광지를 순회하는 버스를 이용할 수 있으며, 관광지에서 내렸다 다시 탈 수 있다.

1 벌리 그리핀 호수
(Lake Burley Griffin)

주소 Australian Capital Territory, Canberra

2 국회의사당
(Parliament House)

주소 Parliament Dr, Canberra
전화 02-6277-7111
이용시간 09:00-17:00
요금 무료
홈페이지 www.aph.gov.au

벌리 그리핀 호수라는 명칭은 도시 캔버라를 설계한 건축가의 이름을 따서 지어졌다. 벌리 그리핀 호수는 계획도시도 아름다울 수 있다는 것을 알려주는 상징물 같은 역할을 한다. 이곳에서 꼭 봐야 하는 것은 두 가지인데, 하나는 높게 올라가는 물기둥이 인상적인 캡틴 쿡 기념 분수이다. 매일 오전 10시에서 오후 12시 사이, 오후 2시에서 4시 사이에 140m에 달하는 물기둥을 뿜어내는 분수는 캡틴 쿡의 호주 상륙 200주년을 기념해 세워졌다. 두 번째는 호수에 떠 있는 작은 섬 아스펜에서 울리는 종소리이다. 캔버라의 수도 50주년을 기념해 영국이 기증한 종으로, 매주 수요일과 일요일에 종소리를 들을 수 있다.

1988년에 문을 연 현대적인 국회의사당은 캔버라를 대표하는 곳이다. 넓은 캐피털 힐 중앙에 자리하고 있으며, 81m로 세계 최대 높이를 자랑하는 국기 게양대와 그 위에 걸려있는 호주 국기를 보면 호주인들의 자부심이 느껴진다. 시간에 맞추면 오후 2시에 개회하는 의회를 둘러볼 수도 있다. 매일 오전 9시에서 오후 4시까지 무료 가이드 투어가 있으니 투어를 통해 국회의사당을 만나보자.

3 호주 전쟁 기념관
(Australian War Memorial)

주소 Treloar Crescent, Campbell
전화 02-6243-4211
이용시간 10:00-17:00
휴일 12월 25일
요금 무료
홈페이지 www.awm.gov.au

4 오스트레일리아 내셔널 보타닉 가든
(Australian National Botanic Gardens)

주소 Clunies Ross St, Acton
전화 02-6250-9588
이용시간 08:30-17:00
휴일 12월 25일
요금 무료
홈페이지 www.anbg.gov.au

호주 역사를 알고 싶다면, 혹은 아름다운 대리석 건물을 보고 싶다면 전쟁 기념관을 찾아보자. 이곳에는 식민지 시대부터 현재까지 호주군의 참전 역사를 한눈에 볼 수 있다. 안작 퍼레이드를 걸을 때나 벽면에 새겨진 10만여 명의 전사자 이름을 볼 때는 괜히 울컥하는 감정을 느끼게 될 수도 있다. 중앙 홀 추모의 전당에는 세계 2차 대전의 노병들을 나타낸 600만 개의 조각으로 이루어진 거대한 모자이크가 있으며, 붉은 대리석 바닥 아래에는 무명용사들의 무덤이 있다. 전쟁 기념관을 둘러보며 전쟁에 대해 다시 한번 생각하는 시간을 가지는 것은 어떨까. 매년 4월 25일에 열리는 안작 데이 기념 퍼레이드도 볼만하다.

호주의 자연을 단시간에 보고 싶다면 보타닉 가든으로 가면 된다. 호주 전역의 희귀 식물들과 열대식물 등 6,000종에 이르는 식물들이 모여있는 사버 정원이기 때문이다. 1940년 첫 나무가 심어진 이후 시간이 흐르면서 지금과 같은 대 정원의 모습을 갖추게 되었다. 또한 이곳은 블랙 마운틴까지 이어져 있어, 호주의 자연을 경험하고 싶은 여행자라면 놓쳐서는 안 되는 곳이기도 하다. 블랙 마운틴의 텔스트라 타워에 이르는 산책로를 걷거나 가든 안의 레스토랑에서 간단한 식사를 즐길 수도 있다. 또한 비지터 센터에서 오전 11시와 오후 2시에 진행되는 무료 가이드 투어도 신청할 수 있으니 이용해보자.

⁵ 올드 버스 데포 마켓
(Old Bus Depot Markets)

주소 21 Wentworth Ave, Kingston
전화 02-6295-3331
이용시간 토요일-일요일 10:00-16:00

우리나라의 오일장이나 시골에서 볼 수 있는 재래시장처럼 매주 토, 일요일에만 열리는 올드 버스 데포 마켓은 캔버라에서 사는 시민들의 자연스러운 모습을 마주하기에 안성맞춤인 곳이다. 집에서 직접 만든 액세서리, 간단한 음식, 공예품, 옷 등을 판매하는 상인들과 그곳에서 느긋한 일요일 아침 쇼핑을 즐기는 시민들의 일상을 경험할 수 있다. 이곳 외에도 식료품이나 식재료를 구경하거나 구매하고 싶다면 벨코넨 지역의 벨코넨 시장을 권한다. 우리나라 도매 시장과 비슷한 곳이며, 가장 저렴한 가격에 물건을 구입할 수 있는 곳이기도 하다. 캔버라에서 사람 냄새를 한껏 느끼고 싶을 때 두 곳의 시장으로 가자. 기분 좋은 사람들의 표정과 함께 여행의 즐거움을 느끼게 될 것이다.

⁶ 맥스 브레너 초콜릿 바
(Max Brenners Chocolate Bar)

주소 13/81 Eastlake Parade, Kingston
전화 02-6162-1083
홈페이지 www.maxbrenner.com.au

맥스 브레너 초콜릿 바는 단 음식을 좋아하거나 초콜릿을 좋아하는 이들이라면 반드시 들러봐야 할 호주 국민 초콜릿 전문점이다. 호주 전역에 체인점이 있으며 초콜릿으로 만들 수 있는 상상 이상의 음식들이 준비되어 있다. 퐁듀, 피자, 아이스크림 등 모든 메뉴의 주재료가 초콜릿이라는 사실. 특히 긴 여행에 피곤이 몰려올 때쯤 방문하면 초콜릿의 단맛이 피로도 풀어주고 행복감도 한층 UP 해줄 것이다.

PART *4*

뉴 사우스
웨일스
시드니

호주만의 매력을
압축해 놓은 대표 도시
시드니

SYDNEY

● 뉴 사우스 웨일스 주는 1770년 제임스 쿡 선장이 처음 정박한 시드니 항을 중심으로 발전을 거듭해왔다. 이 주에 속해있는 도시로는 호주를 대표하는 시드니, 세계 유산에 등재된 블루 마운틴, 해변의 꽃이라 불리는 바이런 베이, 와인 생산지인 헌터 밸리로 가는 입구이자 서핑 마니아들을 유혹하는 해변을 가진 뉴캐슬, 호주의 해변을 온전하게 느낄 수 있는 골드코스트까지 다양하다. 그중에서도 이 주의 대표 도시는 역시 시드니. 자연과 대도시가 한 공간에서 자연스럽게 어우러지는 모습을 볼 수 있는 뉴 사우스 웨일스에서 200여 년 만에 세계적인 대도시로 성장한 시드니의 매력에 흠뻑 빠져보자.

세계적인 건축물 오페라 하우스를 눈에 담아보거나 시드니 항의 낭만을 마음껏 즐길 수 있는 크루즈에 올라 시드니의 풍경을 감상하는 것도 좋다. 아름다운 해변에서 서핑을 즐기며 호주의 여유로움을 온몸으로 느껴보자. 하루 일정으로 세계 문화유산으로 지정된 블루 마운틴의 화려한 경관을 탐험하고 사막과 바다가 한 곳에 있는 지형의 매력을 경험하는 것도 호주 여행에서만 가능한 일이니 놓치지 말자.

여행은 그 나라의 자연과 삶, 문화와 역사를 직접 느껴보는 일이다. 아마도 뉴 사우스 웨일스와 시드니를 여행하면 호주의 자연과 호주인들의 삶, 그들의 문화와 역사를 모두 느낄 수 있을 것이다. 그만큼 뉴 사우스 웨일스의 주도 시드니는 호주의 모든 것들을 압축해 놓은 매력적인 도시이기 때문이다.

CHECK 1. 이곳에 가려면!

시드니로 가는 것은 어렵지 않다. 한국에서 시드니까지 직항 노선이 운항 중이며, 아시아 국가를 경유하는 노선도 있다. 시간적 여유가 충분하다면 가격이 저렴한 경유 항공을 통해 아시아 지역의 보너스 여행까지 즐겨보는 것도 좋다. 또한 호주의 다른 도시에서 시드니로 이동하는 것도 공항이 있는 도시라면 어디에서나 가능할 정도로 노선이 다양하다. 더욱이 호주 국내선의 경우 저가 항공을 이용하면 비용도 저렴하기 때문에 이동에 큰 어려움이 없다. 시드니 공항에서 시내까지는 다른 도시와 비슷하게 시내와 공항을 이어주는 지하철 에어 포트 링크, 원하는 숙소까지 이동할 수 있는 에어포트 셔틀버스가 있으니 선택해서 이용하면 된다. 그 외 다른 도시에서 버스나 기차를 통해 시드니로 들어왔다면 센트럴에서 내리게 된다. 버스나 시티 레일을 이용해 시내로 이동할 수 있으니 참고하자.

CHECK 2. 이곳을 여행하려면!

시드니 시내 여행을 하면서 이동을 할 때 가장 많이 이용하는 것이 마이 버스이다. 여행 전 시드니 교통 통합 사이트(www.transportnsw.info)에서 노선도를 준비하면 도움이 된다. 여행자들에게 가장 고마운 버스는 555번이다. 센트럴 역에서 엘리자베스 스트리트와 조지 스트리트, 서큘러 키에 이르는 노선을 순환하는 이 버스는 무료로 이용할 수 있으며 버스 정류장 어디에서나 타고 내릴 수 있다. 단 주중 운행 시간이 오후 3시 30분까지이므로 여행 일정과 시간을 잘 체크해야 한다. 이 밖에도 시드니 시티 레일, 페리, 수상 택시, 지상을 달리는 트램인 라이트 레일 등도 있으니 요금과 이용 가능한 구간을 일정에 맞춰 미리 체크해두면 다양한 경험을 할 수 있나. 시드니에서 대중교통을 이용하는 횟수가 많거나 긴 시간 여행을 계획했다면 모든 유형의 대중교통을 이용할 수 있는 오팔 카드(Opal Card)를 준비하는 것이 좋다. 시드니 근교까지의 이동에도 활용할 수 있으며 많은 할인 혜택이 있어 여행자들의 교통비를 줄여주는 데 큰 역할을 한다. 60분 내 환승도 가능하니 시간 분배만 잘 하면 엄청난 교통비 절약이 가능하다.

CHECK 3. 뉴 사우스 웨일스 지역 추천 드라이브 코스

아름다운 해안, 형형색색의 도시, 호주 최고의 포도밭 및 와인 농장까지 모두 경험할 수 있는 자동차 여행을 해보자.

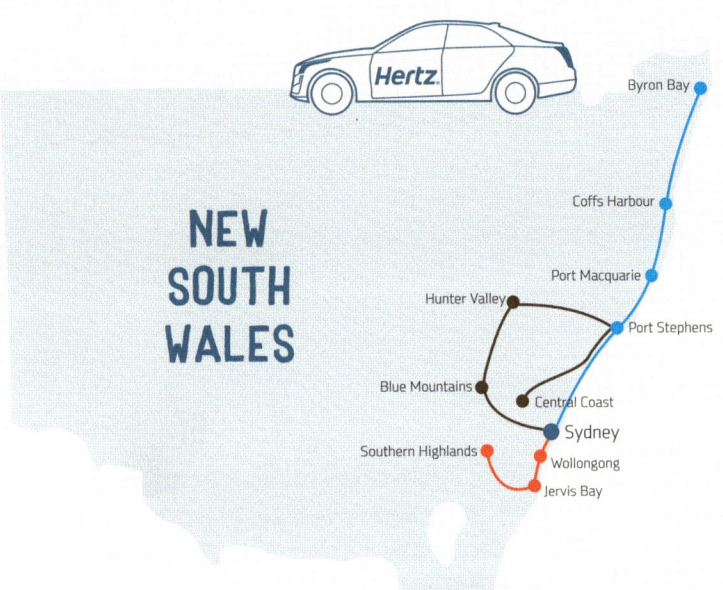

[드넓은 태양을 느끼는 드라이브 코스]

| 시드니 | 120km/1시간30분 | 울런공 | 116km/1시간40분 | 저비스 베이 | 90km/1시간30분 | 서던 하이랜즈 |

[블루 마운틴과 헌터 밸리를 한번에 느끼는 드라이브 코스]

| 시드니 | 62km/1시간 | 블루 마운틴 | 211km/3시간 | 헌터 밸리 | 108km/1시간20분 | 포트 스티븐스 | 150km/1시간40분 | 센트럴 코스트 |

[태평양을 가로지르는 태평양 해안 드라이브 코스]

| 시드니 | 205km/2시간20분 | 포트 스티븐스 | 250km/3시간 | 포트 맥쿼리 | 160km/2시간 | 코프스 하버 | 240km/2시간55분 | 바이런 베이 |

1 오페라 하우스
(Sydney Opera House)

전화 02-9250-7111
홈페이지 www.sydneyoperahouse.com

2 타롱가 동물원
(Taronga Zoo)

주소 Bradley's Head Road, MOSMAN, NSW 2088
전화 02-9969-2777
이용시간 09:30-17:00
요금 어른 41.40AUD, 어린이 23.40AUD

오페라 하우스는 시드니에서 음악, 예술, 공연이 가장 많이 열리는 장소이자 세계적인 건축물로 인정받은 공간이다. 또한 시드니뿐 아니라 호주를 대표하는 장소이기도 하다. 따라서 시드니를 찾은 여행자에게는 방문 1순위일 것이다. 오페라 하우스를 찾았다면 백 스테이지 투어를 경험해 보자. 이 공간에서 어떤 일들이 일어나고 있는지 자세히 알 수 있는 좋은 기회가 될 것이다. 안내데스크에서 백 스테이지 투어뿐 아니라 다양하게 구성된 투어에 대한 안내를 받을 수 있으니 참고하자. 착공에서 완공까지 14년이나 걸렸으며, 전 세계 건축가들을 대상으로 열었던 디자인 콘테스트에서 당선된 작품이기도 한 오페라 하우스. 시드니에서 세계적인 건축물의 아름다움을 마음껏 느껴보자.

넓은 부지에 4,000여 마리가 넘는 전 세계의 동물들이 모여 있는 시드니 북부에 위치한 동물원이다. 서큘러 키에서 페리를 타고 이동하면 채 20분이 걸리지 않아 많은 관광객들이 찾는 곳이기도 하다. 동물원이 워낙 넓기 때문에 내부 이동을 할 때도 케이블카인 스카이 사파리를 이용하는 것이 좋다. 사파리 스타일의 캠프에서 숙박을 할 수도 있으며, 동물원 내 다양한 어트랙션도 이용할 수 있다. 이곳에서 바라보는 오페라 하우스와 하버 브리지의 경관이 뛰어나며 레스토랑도 잘 갖춰져 있어, 여행 일정 중 하루를 머무는 것도 색다른 경험이 될 것이다.

³ 하버 브리지&하버 브리지 클라이밍
(Harbour Bridge&Climbing)

주소 3 Cumberland St, The Rocks
전화 02-8274-7777
이용시간 08:00-21:00
요금 (평일) 샘플러 163AUD, 스탠더드 주간 298AUD / 야간 258AUD
(주말) 샘플러 183AUD, 스탠더드 주간 313AUD / 야간 273AUD
홈페이지 www.bridgeclimb.com

1932년에 개통된 시드니의 하버 브리지는 세계에서 두 번째로 긴 아치형 다리이다. 다리의 아치가 옷걸이 모양이라 '낡은 옷걸이'라는 애칭으로 불리기도 한다. 하버 브리지에서는 자전거를 타거나 걷는 것이 모두 가능하다. 더불어 이 다리가 유명한 것은 바로 하버 브리지 클라이밍 때문이다. 지상 134m 위에 세워진 하버 브리지의 골조 위를 약 3시간 30분 정도 오르는 것으로, 아치 위에 서서 바라보는 시드니의 광경은 감동적이기까지 하다. 다만 위로 올라갈수록 바람이 거세지고 높이도 무시할 수 없으니 이 두 가지를 버틸 수 있는 사람만 도전하는 것이 좋다. 해 질 녘이나 새벽 등반도 가능한데, 특히 해 질 녘에 아치에 올라 바라보는 시드니 항의 모습은 말로 표현하기 어려울 정도로 아름답다.

⁴ 서큘러 키&페리 투어
(Circular Quay&Ferry Tour)

⁵ 본다이 비치
(Bondi Beach)

오페라 하우스와 하버 브리지의 중간 지점에 위치한 서큘러 키 선착장은 시드니를 찾는 많은 관광객들이 크루즈를 타기 위해 방문하는 곳이다. 서큘러 키 선착장 주변은 길거리 공연을 만나기에도 제격이기에 많은 여행객들의 사랑을 받는 장소이다. 세계의 3대 미항이라 불리는 시드니의 진짜 매력을 보고 싶다면 크루즈에 올라 시드니 바깥에서 바라보는 것이 가장 좋다. 관광 크루즈의 비싼 비용이 부담이라면 페리를 이용해보자. 시드니 시민들이 출퇴근에 활용하는 마이 페리뿐 아니라 다양한 상품과 노선을 가진 사설 페리들도 운행 중이다.

시드니 동부 해안에 위치한 본다이 비치는 서퍼들의 천국으로 불리는 해변이다. '바위에 부서지는 파도'라는 이름이 가진 의미처럼 해안으로 밀려오며 부서지는 파도에 수많은 서퍼들이 열광한다. 덕분에 시드니 인근 해변 중에서도 인기가 많은 곳이다. 시내에서 30분 정도면 도착할 수 있기 때문에 시드니 시민들이 가장 많이 찾는 곳이며, 이곳에서 크리스마스를 보내는 것이 하나의 전통이 될 정도로 사랑받는 곳이다. 또한 새해 전야에는 불꽃놀이를 즐기려는 사람들로 해변이 꽉 차곤 한다. 해안가를 따라 서핑 숍, 카페 등이 이어지는 캠벨 퍼레이드가 메인 스트리트이자 사교계 만남의 장으로도 유명하다. 인근 해안을 차분히 감상하고 싶은 여행자라면 타마라마, 브론테, 쿠지까지 이어지는 해안 산책로를 거닐어 보는 것도 좋다. 6km에 이르는 산책로에서는 광활한 본다이 비치의 전경을 볼 수 있다.

© Tourism Australia

PART
5

DAR

© Tourism Australia

노던
테리토리
다윈

호주의 대자연을
느낄 수 있는 자연의 땅
다윈

DARWiN

● 원주민의 역사와 험준한 자연이 주는 아름다움이 가득한 곳 노던 테리토리. 이 지역에서는 열대 기후를 느낄 수 있는 도시 다윈을 비롯해 세계 유산이자 자연의 보고인 카카두 국립공원, 장엄한 캐서린 협곡을 가진 작은 도시 캐서린, 붉은 땅으로 뒤덮인 호주의 중심 엘리스 스프링스, 6만여 년의 시간 동안 평평한 대지 한가운데 우뚝 솟아있는 바위 울룰루, 호주의 그랜드 캐니언이라 불리는 킹스 캐니언까지 다양한 자연의 모습을 모두 경험할 수 있다.

카카두 국립공원에서 옐로 워터 크루즈를 타고 야생 동물들을 관찰하거나 호주 원주민인 어보리진의 발자취를 따라가 보는 것도 좋다. 트래킹을 즐기거나 에메랄드빛 바다를 만나는 일, 오랜 역사를 이어온 태초의 자연을 직접 즐기는 일, 수영이나 카누 등의 체험까지 노던 테리토리 지역에서는 할 수 없는 일보다 할 수 있는 일이 훨씬 많다.

인간은 자연의 품을 느끼면서 생명의 신비로움과 존재의 경이로움을 새삼 경험한다. 인간에 의해 만들어진 것이 아니라 태초부터 그 자리를 지키고 있었던 엄청난 자연 앞에서 겸손해진다. 노던 테리토리 지역을 찾은 여행자라면 이런 기분을 충분히 느낄 것이다. 더불어 자연이 얼마나 소중한 것인지 깨닫는 기회가 될 것이다. 호주의 자연 안에서 가장 오래 살아온 원주민 어보리진처럼, 태초의 인간으로 돌아가 보는 경험을 해보자. 아마도 평생 잊을 수 없는 추억이 될 것이다.

CHECK 1. 이곳에 가려면!

한국에서 다윈으로 가는 직항은 없다. 이곳에 가기 위해서는 동남아시아 도시를 경유하거나 시드니를 경유해야 한다. 호주 국내 항공을 이용하면 시드니, 브리즈번 등에서 콴타스 항공을 통해 이동이 가능하다. 다윈 공항에서 시내로 이동하기 위해서는 에어 포트 셔틀버스나 택시를 활용하면 된다. 에어 포트 셔틀버스는 타기 전에 운전기사에게 숙소를 말하면 원하는 곳에서 내릴 수 있으며 버스 티켓도 운전기사에게 직접 구입하면 된다. 시내까지 15분 정도면 도착할 수 있어 일행이 있거나 짐이 많으면 택시를 이용하는 것도 괜찮다. 그 외 호주 내륙에서 버스나 기차로 이동도 가능하나 워낙 거리가 멀기 때문에 장거리 버스나 호주 대륙을 가로지르는 기차를 반드시 경험해 보고 싶은 여행자가 아니라면 추천하지 않는다.

CHECK 2. 이곳을 여행하려면!

이곳을 찾은 여행자들은 사실 다윈이라는 도시뿐 아니라 교외 지역의 자연을 보기 위한 사람들이 대부분이다. 따라서 렌터카 또는 꼭 봐야 하는 지역을 묶어 진행되는 투어를 통해 교통 편을 해결하는 것이 괜찮다. 렌터카는 개인적인 여행에 편리하고, 투어는 같이 여행을 즐길 수 있는 외국인 친구들을 만나기에 좋다. 이 외에 시내에서는 다윈 버스와 투어 터브를 이용하면 된다. 다윈 버스는 일반 시내버스로 관광객을 위한 투어 카드(1일 권 7AUD, 7일 권 20AUD)를 구입해 이용할 수 있다. 투어 터브는 놀이공원에서 볼 수 있는 모양의 버스로, 매일 오전 9시에서 오후 4시까지 다윈 시내의 관광명소를 순환하는 관광 투어 버스라고 생각하면 된다. 투어 터브를 운영하는 회사에 패키지 투어 상품, 할인 혜택도 있으니 스스로의 여행에 맞는 정보를 찾아보면 도움이 된다.

CHECK 3. 노던 테리토리 지역 추천 드라이브 코스

노던 테리토리의 명소 중 95%가 포장된 고속도로를 통해 접근이 가능하다. 모든 도로가 비포장이라는 것은 오해이니 미리 걱정하지 말자.

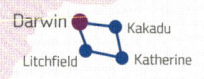

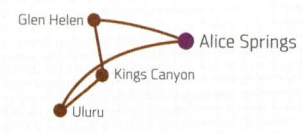

[자연 그대로의 드라이브 코스]

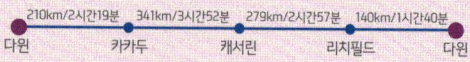

| 210km/2시간19분 | 341km/3시간52분 | 279km/2시간57분 | 140km/1시간40분 |
| 다윈 | 카카두 | 캐서린 | 리치필드 | 다윈 |

[온전히 '호주스럽다'는 느낌을 주는 드라이브 코스]

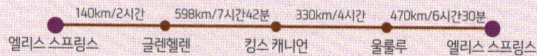

| 140km/2시간 | 598km/7시간42분 | 330km/4시간 | 470km/6시간30분 |
| 엘리스 스프링스 | 글렌헬렌 | 킹스 캐니언 | 울룰루 | 엘리스 스프링스 |

1 리치필드 국립공원
(Litchfield National Park)

주소 Litchfield Park Road, Litchfield Park

2 노던 테리토리 박물관&미술관
(Museum and Art Gallery of Northern Territory)

주소 19 Conacher St., Darwincity
전화 08-8999-8264
이용시간 월요일-금요일 09:00-17:00
　　　　 토요일-일요일 10:00-17:00
요금 무료

리치필드 국립공원은 울창한 산림과 거대한 폭포, 기묘한 형태로 비석처럼 서 있는 마그네틱 터마이트 마운스(흰개미가 쌓아 올린 일종의 개미탑)까지 특별하고 특이한 자연과 만날 수 있는 곳이다. 나무가 늘어선 작은 물웅덩이에서 물장구를 즐기거나 하이킹, 사륜구동을 타는 산악 운전까지 다양한 체험도 가능하다. 가는 길에 비포장도로 등 험한 구간이 있으니 리치필드 국립공원만 즐기고 싶다면 다윈에서 출발하는 투어 프로그램을 이용하는 것도 괜찮다. 하루 안에 다 볼 수 없는 면적이기 때문에 캠핑이나 야영을 즐겨보는 것도 좋다. 낮에는 느낄 수 없었던 리치필드의 매력적인 모습을 만날 기회이니 말이다.

파니 베이의 노던 테리토리 박물관 및 미술관에서는 원주민 예술과 문화, 전통, 역사 등을 자세히 볼 수 있다. 어보리진과 관련된 문화에 관심이 많은 여행자라면 놓치기 아까운 공간이다. 원수빈 예술에 대해시 호주 어느 곳과 비교해도 충분히 의미 있는 예술성을 가진 작품들을 보유하고 있다. 이뿐 아니라 비디오, 사진 자료, 시뮬레이션을 활용한 사이클론 트레이시와 관련된 전시도 이곳에서만 볼 수 있는 특이한 전시 중 하나이다. 건물 뒤쪽으로 보이는 파니 베이 해변과 일요일마다 잔디밭에서 열리는 시장도 둘러보자.

³ 카카두 국립공원
(Kakadu National Park)

주소 Kakadu Hwy, Jabiru
전화 08-8938-1120
이용시간 08:00-17:00(방문자 센터)
휴일 12월 25일
홈페이지 www.kakadu.org.au

카카두 국립공원은 다윈에서 3시간 정도 떨어진 곳에 위치한 세계 자연유산의 하나이다. 인간이 역사를 기록하기 이전의 자연이 있는 곳이자, 태초의 인간이 자연과 더불어 살아가던 공간이기도 하다. 따라서 카카두 국립공원이 가지는 문화적 가치 또한 엄청나다. 약 4만여 년 전에 바위에 새겨진 어보리진의 고대 예술을 보는 것만으로도 문화와 예술의 경이로움을 느낄 수 있다. 어보리진만 출입할 수 있는 전설의 지역인 아넘 랜드와 접하고 있는 우비르, 원주민 아트가 많이 발견된 노우랜지 록, 짐짐 폭포와 트윈 폭포 등 살펴봐야 할 곳도 한두 곳이 아니다. 여기에 자비루 타운센터에는 수영장부터 도서관, 호텔, 병원 등 각종 편의시설까지 마련되어 있어 카카두 국립공원만 여행하는 여행자들도 많다. 리치필드 국립공원과 마찬가지로 다양한 투어 프로그램이 준비되어 있는데 효율적이면서도 많은 경험을 할 수 있는 여행 방법이다. 단 우기에는 되도록 방문을 피하는 것이 좋다. 문을 닫는 캠핑장이나 시설이 많고, 카카두 국립공원으로 가는 길이 폐쇄되는 경우도 있으니 주의하자.

4 캐서린 협곡&마타란카 온천
(Katherine Gorge&Mataranka)

5 킹스 캐니언
(Kings Canyon)

홈페이지 www.visitkatherine.com.au

캐서린은 다윈에서 차로 4시간 정도 달려야 만날 수 있는 도시이다. 이곳에 있는 캐서린 협곡은 카카두 국립공원, 킹스 캐니언과 함께 노던 테리토리를 대표하는 자연경관 빅 3로 꼽힌다. 가운데가 잘려나간 것처럼 갈라진 협곡과 그 사이로 흐르는 캐서린 강의 모습은 입을 다물 수 없을 정도, 카누를 타고 캐서린 강을 따라가며 협곡의 단층을 관람하는 것도 캐서린 협곡을 즐기는 좋은 방법이다. 캐서린에서 남쪽으로 1시간가량 더 달려가면 만날 수 있는 마타란카도 놓치기에 아까운 곳이다. 열대우림 한가운데서 따뜻한 온천물에 몸을 담그는 것은 상상만으로도 행복하다. 너무 뜨겁지 않아 천연 노천 수영장 같은 느낌이다. 물속에는 수많은 종류의 물고기들이 있어 아름다움을 더한다. 캐서린 협곡과 마타란카 온천은 태고의 모습을 간직하고 있기에 자연 그대로의 생활을 경험해 볼 수 있는 소중한 여행지이다.

킹스 캐니언은 사실 쉽게 갈 수 있는 곳은 아니다. 대중교통이 편하지 않아 투어 프로그램을 활용하지 않으면 방문이 힘들다. 차를 이용해도 길이 험해 고생할 수 있다. 그러나 이런 어려움을 모두 극복하고라도 갈만한 가치가 있는 곳이다. 울창한 야자 숲 위로 우뚝 솟아있는 붉은 암석 절벽(고대 사암 절벽), 이곳에서만 볼 수 있는 토착 식물 등은 놓치기 아까운 모습이다. 수백만 년에 걸쳐 침식 현상이 일어나며 만들어진 킹스 캐니언의 모습과 이곳에서 보는 일몰은 평생 기억에 남을 광경이다. 6km에 달하는 킹스 캐니언 워크를 하이킹으로 즐겨보는 것도 좋다. 원주민이 인솔하는 절벽 워크 투어는 이 지역의 진짜 의미를 알 기회가 될 것이다.

PART
6

퀸즐랜드,
브리즈번

BANE

PART 6 / ESSAY

즐겁고 신나는
레포츠의 도시
브리즈번

BRiSBANE

● 퀸즐랜드는 다양한 매력을 간직한 14개의 지역으로 나눠진 주이다. 이곳은 특히 끝없이 펼쳐지는 해안선과 각종 레포츠, 탐험가의 꿈을 실현해 줄 수 있는 광활한 아웃백과 세계적인 명성을 간직한 그레이트 배리어 리프, 고대의 모습을 간직한 열대 우림까지 모두 갖추고 있는 주이기도 하다. 따라서 퀸즐랜드를 여행하는 동안 한순간도 몸을 가만히 둘 수 없을 정도로 흥미로움을 느끼게 될 것이다.

여기서 끝이 아니다. 7월 말부터 10월까지 이어지는 고래 떼의 이동을 볼 수 있는 곳이며, 그레이트 배리어 리프의 산호초를 눈으로 직접 보는 경험은 결코 놓치기 아까울 정도. 세계 최대의 모래섬 프레이저 아일랜드를 달리는 기분이나 황금빛으로 빛나며 길게 뻗은 골드코스트를 달리는 기분은 쉽게 설명하기 어렵다.

퀸즐랜드에는 호주에서 세 번째로 큰 도시 브리즈번이 있다. 남과 북으로 아름다운 해변이 감싸고 있는 도시, 브리즈번은 호주인들이 가장 살고 싶어 하는 곳이기도 하다. 그만큼 자연의 아름다움과 삶의 편안함이 공존하기 때문. 덥지 않은 여름과 춥지 않은 겨울을 가진, 1년 내내 아름다운 도시 브리즈번 여행도 호주 여행에서 놓치면 아까운 일정이다.

CHECK 1. 이곳에 가려면!

인천공항에서 브리즈번까지 일주일에 3번 항공기가 운항한다. 물론 아시아의 도시를 경유하는 항공도 있으니 상황에 맞춰 선택하면 된다. 호주 내륙에서는 콴타스와 버진 오스트레일리아 항공사의 비행 편을 이용하면 대부분의 도시에서 브리즈번으로 이동할 수 있다. 공항에서 시내로 이동할 때는 기차 에어 트레인이나 버스 코치 트랜스를 이용하면 20여 분 정도가 소요된다. 이외에 스카이 트랜스 버스를 이용하면 운전사에게 이야기해 추가 요금을 지불하고 원하는 숙소까지 바로 이동하는 것도 가능하다. 버스와 기차도 가능하나 노선을 잘 확인해야 한다. 이동이 가능한 도시와 그렇지 않은 도시가 있기 때문이다. 퀸즐랜드의 케언즈부터 브리즈번까지의 여행을 계획 중이라면 장거리 버스를 이용하는 것도 괜찮다. 달리면서 볼 수 있는 풍경이 다양하기 때문에 버스를 오래 타도 눈은 즐거울 수 있다.

CHECK 2. 이곳을 여행하려면!

브리즈번이 속한 퀸즐랜드는 호주 여행의 대표 지역이다. 따라서 여행객들이 이용할 수 있는 다양한 교통 편이 잘 갖춰져 있다. 트랜스링크. 버스와 시티 트레인(지하철), 페리가 하나의 교통 시스템으로 정비되어 운영되고 있다. 싱글 티켓을 구매하면 2시간 이내에 같은 존에서는 3가지 교통 편을 모두 이용할 수 있다. 이외에 Go card가 있지만, 등록이나 보증금 제도 등 단기 여행자에게는 불편함이 많다. 트랜스링크 시스템에 의해 버스는 브리즈번 시내를 비롯해 골드코스트에 이르는 지역까지 총 23개 존으로 구분해 운행된다. 시티 트레인은 브리즈번 시내와 근교를 잇는 5개 노선이 있으며, 브리즈번강을 달리는 쾌속 페리 시티 캣은 13개의 부두를 거친다. 이외에도 이너 시티 페리는 더 많은 부두에 정착하기 때문에 브리즈번 시민들이 출퇴근에 활용할 정도. 여행자를 위한 무료 버스 시티 루프(한 방향으로만 이동)와 브리즈번 내 주요 관광지 20여 곳만 정착하는 브리즈번 익스플로러 버스도 있다.

CHECK 3. 퀸즐랜드 지역 추천 드라이브 코스

최고의 해안을 달리고 싶다면 퀸즐랜드 드라이브가 최선의 선택이다. 영화 속 주인공이 된 기분을 느낄 수 있을 것이다.

[아름다운 해안과 자연을 볼 수 있는 드라이브 코스]

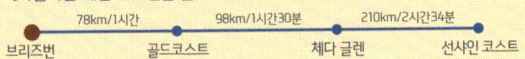

브리즈번 — 78km/1시간 — 골드코스트 — 98km/1시간30분 — 체다 글렌 — 210km/2시간34분 — 선샤인 코스트

[황금빛 해안 드라이브 코스]

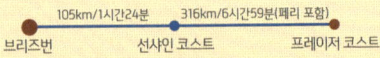

브리즈번 — 105km/1시간24분 — 선샤인 코스트 — 316km/6시간59분(페리 포함) — 프레이저 코스트

[말이 필요 없는 그레이트 베리어 리프 드라이브 코스]

케언즈 — 68km/1시간7분 — 포트 더글러스 — 22km/22분 — 모스만 협곡

¹ 사우스뱅크 파크랜드
(South Bank Parklands)

² 프레이저 아일랜드
(Fraser Island)

주소 South Bank, Brisbane
전화 07-3156-6366
이용시간 05:00-24:00

브리즈번에서 빼놓을 수 없는 명소이자 브리즈번의 상징적인 장소 사우스뱅크 파크랜드는 16km에 이르는 녹지대이다. 미술관, 박물관, 쇼핑센터부터 공원과 인공해변, 야생동물 센터까지 없는 것을 찾는 게 빠를 정도로 다양한 문화시설과 편의시설이 갖춰져 있다. 여기에서 하루를 온전히 보내도 시간이 모자랄 정도. 금요일부터 일요일까지 문을 여는 사우스뱅크 마켓도 볼거리이다. 마켓은 요일별로 열리는 시간이 다르니 미리 일정 확인하는 것을 잊지 말자. 이외에도 브리즈번 시내에 있는 로마 스트리트 파크랜드, 퀸 스트리트 몰도 한 번쯤 들러 보면 좋을 곳들이다.

홈페이지 www.visitfrasercoast.com

세계 최대의 모래섬이라고 불리는 프레이저 아일랜드는 세계 문화유산이다. 가도 가도 끝이 없는 해변과 모래 언덕, 울창한 숲까지 보고 나면 마치 영화에서 봤던 파라다이스에 와있는 기분을 느낄 수 있다. 대부분 페리를 타고 섬에 들어간다. 섬 전체가 모래이기 때문에 일반 차량은 이동이 어려우니 참고하자. 프레이저 아일랜드의 대표 명소는 75마일 비치로, 75마일에 걸쳐 이어진 모래 해변이다. 숲에서 흘러나온 물줄기가 바다로 흘러가는 모습을 보고 있으면, 지구의 처음과 만나는 느낌도 든다. 단 직접 운전하는 경우라면 최대한 천천히 이동하자. 중간중간 물줄기를 피하려다 전복된 차량이 모래에 박혀 있는 모습은 연출이 아니기 때문이다. 7월 말에서 10월 사이에 여행을 계획했다면 프레이저 아일랜드로 가는 관문인 하비 베이에서 수천 마리의 고래 떼가 이동하는 장관을 보는 것도 추천한다.

³ 골드코스트
(Gold Coast)

홈페이지 www.visitgoldcoast.com

브리즈번에서 1시간 30분 정도 걸리는 골드코스트는 황금빛으로 반짝이는 해변이 이어지는 곳이다. 43km에 이르는 황금빛 해변과 늘 20도 이상의 온도를 유지하는 아열대 기후는 하와이와 비교해도 손색없는 해변 도시의 전형이다. 해변을 사랑하는 사람이라면, 보다 자유로움을 만끽하고 싶은 사람이라면 퀸즐랜드에서 골드코스트를 놓치면 안 된다. 골드코스트에는 세계적으로 유명한 테마파크도 여러 곳 있다. 그중에서 시 월드는 시내에서도 가깝고 다양한 볼거리와 즐길 거리를 자랑한다. 헬리콥터를 타고 내려다보는 골드코스트의 풍경을 경험할 수도 있다.

⁴ 케언즈
(Cairns)

케언즈는 퀸즐랜드 북쪽을 대표하는 도시이다. 퀸즐랜드의 남쪽을 대표하는 브리즈번에서는 비행기로 2시간 20분 정도 거리. 같은 퀸즐랜드에 속하지만 거리가 멀기 때문에 브리즈번과는 또 다른 매력을 가진다. 특히 케언즈는 다양한 레포츠를 즐길 수 있는 레포츠의 천국으로, 도시 전체가 모험과 즐거움을 위해 존재한다는 느낌이 들 정도이다. 스카이다이빙, 열기구, 번지점프와 정글 투어, 각종 섬에서의 해양 스포츠까지 레포츠가 다양해 케언즈에서 모든 레포츠를 즐기겠다고 마음먹은 여행자라면 한 달을 있어도 부족하다.

⁵ 그레이트 배리어 리프
(Great Barrier Reef)

그레이트 배리어 리프는 세계 최대의 산호초 군락을 지칭한다. 퀸즐랜드를 여행하고 있다면 반드시 산호초 군락을 눈에 담아보자. 초록색 숲과 산호소로 둘러싸인 그린 이일랜드는 이름처럼 온통 초록색 물결이다. 이곳에서는 스노클링, 스쿠버 다이빙 등 해양 스포츠를 즐길 수 있다. 피츠로이 아일랜드는 그레이트 배리어 리프의 가장 대표적인 섬으로, 바닥까지 보일 정도로 물이 맑아 산호초를 보기에도 제격이다. 두 섬 모두 퀸즐랜드 북부의 대표 도시인 케언즈에서 크루즈를 타면 1시간 이내에 도착한다. 또한 섬 내부에 리조트가 있어 산호초로 가득한 섬에서 하루를 즐기는 것도 가능하다.

PART

7

ADEL

남 호 주
애들레이드

호주 와인을
마음껏 즐길 수 있는 도시
애들레이드

ADELAiDE

- 남 호주는 바다, 사막, 호수와 섬이 만나는 곳이며 동시에 호주에서 가장 유명한 와인 산지이기도 하다. 아웃백과 와이너리 경험을 동시에 즐길 수 있는 매력적인 여행지이다. 호주의 다른 주들이 자연을 보고, 액티비티를 즐기는 것이 중심이라면 이곳은 먹고, 자고, 느낄 수 있는 곳이다.

우선 호주 최대의 와인 산지인 바로사 밸리의 와이너리를 방문해 호주 와인 맛에 취해보자. 남 호주 음식에 곁들이면 더 맛있는 호주를 느끼게 될 것이다. 클레어 밸리의 포도원과 교회 사잇길을 자전거로 달리는 소소한 경험도 한 편의 영화를 찍는 느낌을 줄 것이다. 영화 <매드 맥스>의 배경이었던 쿠버 피디에 있는 세계 유일의 지하 동굴 호텔에서 하룻밤을 보내는 것도 특별한 경험이다. 캥거루 아일랜드를 찾아 펭귄 투어도 즐겨보자. 세계 최대의 바다표범 서식지인 실 베이에서 여유를 즐기는 바다표범을 보거나 새하얀 모래 언덕이 이어지는 리틀 사하라를 경험하는 것도 남 호주이기에 가능한 일들이다.

호주의 동부와 서부의 관문 역할을 하는 남 호주의 대표 도시 애들레이드 역시 볼거리로 가득하다. 식민지 시대의 대저택이나 각종 마켓, 아름다운 마을 등은 여행자들을 유혹하기 충분하다. 특히 도시 전체가 평화로움을 안고 있는 느낌이어서 긴 일정의 호주 여행을 계획했다면 애들레이드에서 숨 고르기를 하듯 쉬었다 가는 것도 괜찮다.

CHECK 1. 이곳에 가려면!

우리나라에서 애들레이드까지 한 번에 갈 수 있는 방법은 없다. 시드니나 브리즈번을 경유해 호주 국내 항공을 이용하거나 아시아의 나라를 경유하는 항공을 선택해야 한다. 공항에서 에어 포트 플라이어 셔틀버스를 이용하면 시내로 이동할 수 있으며, 비교적 거리가 가까우니 일정에 따라 택시를 활용해도 괜찮다. 호주 내륙을 버스로 이동하는 여행자라면 대부분 애들레이드의 센트럴 버스 스테이션을 지나게 될 것이다. 호주의 동서와 남북의 거점 도시인 애들레이드는 호주 전역을 운행하는 기차가 통과하는 곳이기도 하다. 이렇게 애들레이드를 가는 방법은 다양하기 때문에 개인의 여행 일정에 따라 비교해서 선택하면 된다. 호주 어디서라도 애들레이드를 향하는 교통 편은 언제나 준비되어 있다.

CHECK 2. 이곳을 여행하려면!

애들레이드를 대표하는 교통 시스템은 애들레이드 메트로이며, 이 시스템에 의해 운행되는 교통 편은 버스, 열차, 트램이다. 하나의 티켓으로 3가지 교통 편을 모두 이용할 수 있으니 활용하자. 티켓은 종이 티켓과 메트로 카드가 있다. 최근에는 여행자를 위해 3일 동안 무제한으로 3가지 교통수단을 이용할 수 있는 3-Day Visitor Pass가 만들어져 보다 쉽게 할인 혜택을 받을 수 있게 되었다. 또한 애들레이드를 여행하는 여행자라면 반드시 98A, 98C, 99A, 99C라는 버스 넘버를 기억해야 한다. 일명 Free City Connector Bus라 불리는 무료 버스이기 때문이다. 해당 버스에서 99번 중 A가 붙은 노선은 시계 반대 방향으로, C가 붙은 노선은 시계 방향으로 이동한다. 98번 버스는 같은 방식으로 애들레이드 북쪽을 운행한다. 이 노선만 잘 활용해도 애들레이드 여행이 가능할 정도이니 잊지 말자.

CHECK 3. 남 호주 지역 추천 드라이브 코스

사막부터 해안까지 다양한 풍경을 눈으로 확인할 수 있는 아웃백 드라이브 코스를 달려보자.

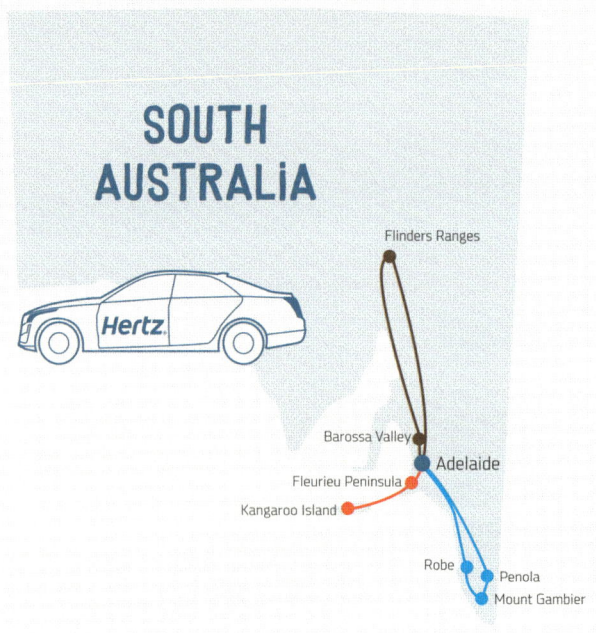

[자연, 바다, 포도밭을 따라 달리는 드라이브 코스]

애들레이드 — 84km/1시간22분 — 플로류 반도 — 155km/2시간58분 — 캥거루 아일랜드

[와인, 야생, 아웃백을 따라 달리는 드라이브 코스]

애들레이드 — 74km/1시간5분 — 바로사 밸리 — 408km/5시간 — 플린더스 산맥 — 467km/5시간38분 — 애들레이드

[라임스톤 코브 드라이브 코스]

애들레이드 — 335km/3시간38분 — 로브 — 125km/1시간21분 — 마운트 갬비어 — 51km/35분 — 페놀라 — 383km/4시간2분 — 애들레이드

¹ 쿠버 피디
(Coober Pedy)

홈페이지 www.cooberpedy.sa.gov.au

² 캥거루 아일랜드
(Kangaroo Island)

홈페이지 www.tourkangarooisland.com.au

1889년 오팔이 발견된 이후 지속적으로 오팔 채굴을 하고 있는 쿠버 피디는 채굴 때문에 특별한 외관을 가지게 되었다. 그렇다고 외관만 특별한 것은 아니다. 세계에서 유일하게 지하 동굴 호텔을 경험할 수 있는 곳이기도 하다. 쿠버 피디는 1년 중 대부분이 여름이고 기온이 높기 때문에 사막과 비슷한 기후를 가졌다. 덕분에 뜨거운 낮과 추운 밤으로 기온 변화가 크다. 이곳 사람들은 낮에는 햇빛을 막아주고 밤에는 낮 동안 간직한 햇빛의 열기로 따뜻하게 유지할 수 있는 형태의 집을 지어서 생활했는데, 그것이 바로 지하 동굴집 덕아웃이다. 이 지역의 호텔 역시 동일한 형태로 지어져 대부분 지하에 객실이 있다. 지하 동굴에 지어진 덕아웃 호텔에서 하룻밤을 보내는 것은 남 호주에서만 즐길 수 있는 특별한 경험으로 오래 기억에 남을 것이다.

호주에서 세 번째로 큰 섬인 캥거루 아일랜드는 섬 이름 그대로 굉장히 많은 캥거루가 서식하는 곳이자 생태계의 다양한 동물들이 살아가는 곳이다. 특히 펭귄과 바다사자를 가까이에서 볼 수 있다. 운이 좋으면 산책로에서 펭귄을 만나는 경험을 할 수도 있다. 농담 반 진담 반으로 사람보다 캥거루나 펭귄을 더 많이 보는 곳이라는 말이 있을 정도. 섬을 한 바퀴 돌며 다양한 풍경을 보는 것도 좋다. 플린더스 체이스 국립공원과 새하얀 모래로 가득한 리틀 사하라 또한 장관이다.

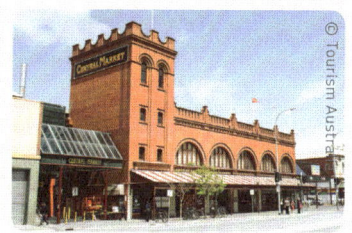

³ 애들레이드 센트럴 마켓
(Adelaide Central Market)

주소 Gouger St. 44/60 Adelaide
이용시간 화요일 07:00-17:30
　　　　수요일, 목요일 09:00-17:30
　　　　금요일 07:00-21:00
　　　　토요일 07:00-15:00
휴일 매주 월요일, 일요일

남 호주는 다양한 식재료가 생산되는 지역으로도 유명하다. 농장의 신선한 과일부터 채소, 육류와 해산물, 치즈, 훈제 고기까지 수많은 식재료를 만날 수 있는 곳이 바로 애들레이드 센트럴 마켓이다. 한국 음식을 먹고 싶을 때도 이곳으로 달려가면 된다. 또한 대형 슈퍼마켓이나 레스토랑이 있기 때문에 한나절을 보내기에도 충분하다. 시간적 여유가 있는 여행자라면 마크 글리슨이 얼리 모닝 투어에 참가해 음식을 시식하고 센트럴 마켓 상인들과 만나는 시간을 가져보면 어떨까. 남 호주에서 할 수 있는 소소하지만 즐거운 경험이 될 것이다.

⁴ 내셔널 와인 센터
(National Wine Centre)

주소 Cnr. Botanic Rd.
　　　& Hackney Rd. Adelaide
전화 08-8313-3355
이용시간 월요일-목요일 08:00-18:00
　　　　금요일 09:00-21:00
　　　　토요일-일요일 09:00-18:00
휴일 12월 25일
홈페이지 www.wineaustralia.com.au

애들레이드는 세계적인 와인 산지이다. 맛이 좋은 호주 와인은 최근들어 많은 이들의 주목을 받고 있다. 내셔널 와인 센터에는 와인과 다양한 액세서리를 판매하는 숍이 있으며, 와인 시음회나 세미나가 열리기도 한다. 이 밖에 전시장에서는 와인에 대한 모든 것을 볼 수 있다. 와인을 즐기는 여행객이라면 와인 테이스팅 패키지에 참가해보는 것도 좋다. 센터 뒤편에 자리하고 있는 넓은 포도밭을 걸어 보는 것도 괜찮다.

⁵ 바로사 밸리
(Barossa Valley)

내셔널 와인 센터가 와인에 대해 알 수 있는 곳이라면, 바로사 밸리는 와인이 만들어지는 곳이다. 애들레이드에서 1시간 정도 거리에 있는 바로사 밸리는 호주 최대의 와인 산지이며, 50개가 넘는 양조장들이 있기 때문에 와인이 만들어지는 과정을 직접 볼 수 있다. 와이너리 투어 프로그램도 있으니 와인에 관심이 많은 여행자들은 참고하자. 와인에 관심이 낮아도 바로사 밸리 인근 풍경을 보는 것만으로도 좋으니, 남 호주를 여행하고 있다면 꼭 찾아가 보기를 권한다.

PART
8

HOB

© Tourism Australia

테 즈 매 니 아
호 바 트

호주 역사를 기억하는 도시
호바트

HOBART

● 태즈매니아는 호주의 역사 여행을 할 수 있는 곳이다. 세계 유산에 등재된 장소들과 와인, 음식, 호주에서 두 번째로 오래된 역사 도시 호바트, 유서 깊은 포트 아서까지 호주가 지나온 시간을 느끼기에 제격이다.

우선 태즈매니아 야생 지대를 놓치면 안 된다. 크레이들 마운틴, 세인트 클레어 호수 국립공원과 리피 폭포, 배스 해협의 플린더스 아일랜드도 지나칠 수 없다. 또한 이곳 태즈매니아는 호주 대륙으로 넘어온 유럽 죄수들 중에서도 특히 중죄를 지었던 사형수, 무기수들의 수감지였던 어두운 역사의 일면도 가지고 있다. 그 역사를 간접적으로 알아볼 수 있는 포트 아서도 한 번쯤 들러보길 권한다.

한 나라의 역사는 나라 곳곳에 다양한 모습으로 간직된다. 호주 역시 마찬가지이다. 이곳 태즈매니아가 더욱 의미를 가지는 것은 호주의 밝은 면과 어두운 면을 모두 간직한 곳이기 때문이다. 아름다운 해변은 천연 감옥이 되었고, 여전히 남아있는 고풍스러운 건물은 누군가에게 형벌의 장소였다. 서로 반대되는 장소의 의미가 이 지역을 여행하는 이들에게 새로움을 더해 줄 특징이 될 것이다. 호주의 역사를 떠올리며 태즈매니아를 여행하다 보면 또 다른 기억과 생각을 시작할 수 있다.

CHECK 1. 이곳에 가려면!

호바트에서 가장 가까운 도시가 멜버른이다. 따라서 대부분의 여행자들은 멜버른에서 테즈매니아 지역으로 이동한다. 호바트는 작고 한적한 도시이다. 이런 분위기는 공항에서도 느껴진다. 공항에서 시내로 이동하기 위해 셔틀버스를 이용하면 되는데, 특별한 정류장이 있는 것이 아니라 여행객이 서 있는 곳이 정류장이 될 정도. 이외에 레드라인 코치와 타지링크 회사의 버스들이 테즈매니아 지역을 촘촘하게 연결하고 있으니 참고하자. 단 주말에는 제한적인 운행 시간에 주의해야 하며, 겨울보다는 여름에 배차 횟수가 많다는 사실도 체크하자.

CHECK 2. 이곳을 여행하려면!

호바트 시내는 그렇게 넓지 않아 걸어서도 충분히 둘러볼 수 있다. 만약 시내 주변 지역을 여행할 계획이라면 버스를 이용하는 것이 가장 편리하다. 이곳에는 메트로 버스가 운행 중이니 노선과 요금을 확인하자. 시내 주요 관광지와 주변 도시를 순회하는 레드 데커 호바트 버스도 있다. 브리즈번의 익스플로러 버스와 비슷한 성격인데, 한번 티켓을 끊으면 3일 동안 타고 내리는 것이 자유롭다. 만약 테즈매니아 전역을 둘러볼 계획이라면 렌터카도 편리하다.

CHECK 3. 태즈매니아 지역 추천 드라이브 코스

지구상에서 가장 아름답고 신비로운 여행지를 달리고 싶다면 태즈매니아 드라이브를 추천한다.

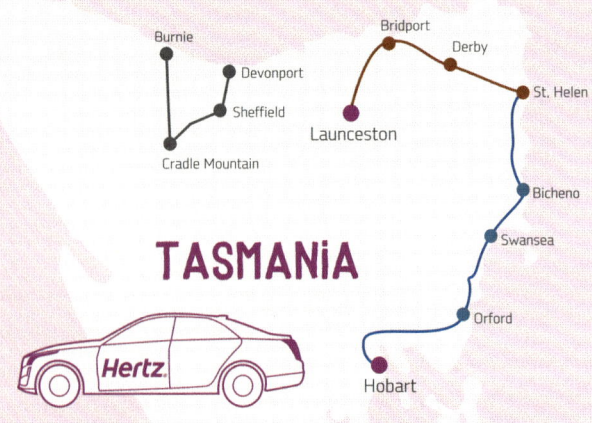

[요람과 같은 시골길 드라이브 코스]

데번포트 —30km/30분— 셰필드 —60km/1시간— 크레이들 마운틴 —105km/1시간35분— 버니

[북동쪽 드라이브 코스]

론서스턴 —80km/1시간— 브리드포트 —55km/45분— 더비 —65km/1시간— 세인트헬렌

[동쪽 해안 드라이브 코스]

호바트 —80km/1시간— 오포드 —60km/45분— 스완지 —45km/35분— 비체노 —75km/1시간— 세인트헬렌

1 살라망카 플레이스
(Salamanca Place)

2 론서스턴
(Launceston)

살라망카 플레이스는 호바트의 역사, 예술, 문화의 중심지라고 할 수 있다. 1830년대에는 곡식, 양모, 고래기름 등을 보관하기 위해 항구 가까이에 만들어진 창고였으나 오늘날에는 극장, 갤러리, 카페, 레스토랑 등으로 탈바꿈했다. 이곳의 볼거리가 단순히 건물만은 아니다. 토요일마다 열리는 살라망카 마켓에서는 테즈매니아에서 만들어진 공예품을 구입할 수 있으며, 그 외 과일이나 채소부터 책까지 다양한 물건들을 판매하고 있다. 전통 유산으로 지정된 7개 창고를 갤러리와 예술 공간으로 만든 살라망카 아트 센터도 꼭 둘러보자. 다양한 전시를 볼 수 있고, 금요일이면 야외에서 공연이 열리기도 한다. 뒤쪽으로는 살라망카 스퀘어가 자리하고 있다. 스퀘어 분수 옆에서 잠깐의 여유를 즐겨보는 것도 괜찮다. 더불어 호바트 특산 치즈와 잼을 구입해 잔디밭에서 간단한 점심 식사를 해도 좋다.

호바트에 이어 호주에서 세 번째로 오래된 도시 론서스턴은 호바트에서 하루 일정으로 다녀오기 좋은 곳이다. 론서스턴은 예전에 지어진 영국식 건물들과 도시 전체에 걸쳐 완성된 울창한 숲, 도시 깊숙하게 흐르는 타마 강 등이 어우러지며 마치 디자이너가 완성한 멋진 공간 같다는 느낌을 주는 곳이다. 오래된 도시답게 곳곳에 역사의 흔적들이 가득하다. 풍차를 이용해 밀가루를 빻던 개척 시대 마을을 재현해 놓은 페니 로열 월드, 옛 모습 그대로 보존되어 있는 킹스 브리지 등을 둘러보면 타임머신을 타고 과거로 여행 온 기분을 느끼게 될 것이다. 주변 와이너리를 방문하는 투어나 치즈 공장, 스트로베리 농장 등을 방문하는 투어 프로그램에 참여해 보는 것도 괜찮다.

3 포트 아서
(Port Arthur)

전화 03-6251-2310
이용시간 09:30-17:00
휴일 12월 25일
요금 39AUD (어린이는 17AUD)
홈페이지 www.portarthur.org.au

1830년 테즈매니아의 관리였던 아서 경은 이곳을 식민지 최고의 감옥으로 선택했다. 그 이유는 독특한 지형 때문에 천연 감옥이라 해도 무방할 정도였기 때문이다. 1830년부터 1877년까지 만 명이 넘는 죄수들이 이 감옥에 수감되었다. 유형의 역사를 가진 곳이지만, 지금은 아름다운 전원 마을 같은 느낌이 든다. 옛 느낌을 고스란히 간직한 벽돌 건물과 교회, 푸른 잔디와 강물까지 완벽한 풍경이라고 해도 될 정도. 그런데 어딘지 모르게 으스스 한 느낌이 들기도 한다. 해가 진 이후에 진행되는 고스트 투어에 참가한다면 포트 아서가 가진 공포의 역사를 생생하게 느낄 수 있을 것이다.

4 배터리 포인트
(Battery Point)

배터리 포인트는 호바트에서 가장 먼저 형성된 주거 지역이다. 현재는 고급 맨션들이 들어서 있지만 옛날에 사용되던 건물 40여 채가 고스란히 남아있고, 여전히 삶의 터전으로 활용되고 있다. 살라망카에서 배터리 포인트로 가는 길에 있는 175년 된 켈리의 계단을 지나는 것도 의미 있다. 배터리 포인트에서 바라보는 석양이 특히 아름다우니 놓치지 말자, 더불어 이 지역을 대표하는 캐스케이드 맥주를 한잔 즐겨보는 것도 좋다.

5 테즈매니아 데블 파크
(Tasmania Devil Park)

주소 5990 Arthur Hwy, Taranna
전화 1800-641-641
이용시간 09:00-17:00
요금 20AUD

테즈매니아 지역을 여행 일정에 포함시켰다면 꼭 봐야 하는 두 가지 중 하나가 바로 데블 파크이다. 데블 파크는 테즈매니아에서만 사는 야생 동물 태즈메이니안 데블을 볼 수 있는 곳이다. 더불어 희귀종인 동물들을 만날 수 있고 야생조류의 플라이트 쇼도 볼 수 있다.

PART
9

MELB

빅토리아
멜버른

호주 문화와 교육을 대표하는 도시
멜버른

MELBOURNE

● 빅토리아는 누구라도 사랑할 수밖에 없는 지역이다. 특히 빅토리아 지역을 대표하는 도시 멜버른은 호주를 여행하는 대부분의 여행자가 찾는 도시이기도 하다. 험준한 그레이트 오션 로드, 늘어선 포도원이 인상적인 야라 밸리, 마케돈 산맥과 모닝턴 페닌슐라, 필립 아일랜드까지 멜버른에서 보고 즐겨야 할 것들을 나열하면 끝이 없다.

새로 지은 현대 건물과 예전부터 그 자리를 지켜온 과거의 건물이 만나고 다양한 문화가 공존하는 도시 멜버른을 호주의 문화 수도라고 부르기도 한다. 실제 멜버른을 여행하면 왜 호주의 문화 수도인지, 남반구의 런던이라는 별명을 가지고 있는지 쉽게 이해하게 된다.

멜버른을 여행한다면 우선 여유로운 일정과 무엇이든 받아들이겠다는 마음가짐을 준비하자. 날씨가 런던처럼 변덕이 심하기 때문에 날씨에 여행의 즐거움이 좌우되지 않겠다는 다짐도 더하면 좋다. 그 이후부터는 멜버른이 간직한 호주의 문화를 마음껏 느껴보자. 아마도 빅토리아 지역과 도시 멜버른의 매력에서 벗어나는 일은 쉽지 않을 것이다.

CHECK 1. 이곳에 가려면!

호주 주요 도시에서는 당연히 멜버른으로 가는 비행 편이 준비되어 있다. 다만 인천공항에서는 2013년 멜버른 직항이 폐쇄된 이후 부활하지 않아 직항 편이 없으니 참고하자. 멜버른 국제공항 외에 호주 내에서 국내선을 이용할 경우 아발론 에어 포트로 내리는 경우도 있다. 멜버른 국제공항에서 시내로 가려면 스카이 버스를 타면 된다. 이 밖에 버스와 기차로 멜버른을 찾는 여행자들도 많은데, 장거리 버스를 이용하면 멜버른 트랜짓 센터 또는 스펜서 스트리트의 장거리 버스 정류장에 도착한다. 기차도 다양한 노선이 있으니, 기차를 이용할 계획이라면 사전에 노선, 일정 등을 꼼꼼하게 체크하자.

CHECK 2. 이곳을 여행하려면!

멜버른 교통 체계는 퍼블릭 트랜스포트 빅토리아라는 이름으로 운영된다. 버스, 트램, 트레인을 하나의 티켓으로 이용할 수 있는데, 통합 티켓의 이름은 마이키 패스이다. 거리에 따라 존이 나뉘어 있고, 존별로 요금이 다르다. 티켓 유형도 다양한데, 시티 세이버 티켓은 정해진 존에서 1회 사용할 수 있고, 2시간 티켓은 한번 사면 2시간 동안 자유롭게 이용할 수 있다. 하루 또는 일주일간 무제한으로 사용할 수 있는 데일리 티켓과 위클리 티켓도 있다. 이 모든 티켓을 구입할 때는 사용할 존을 결정해야 한다. 티켓은 어떤 존을 여행할지에 따라 Zone 1, Zone 2, Zone 1+Zone 2 등으로 구분되니 여행 일정에 맞춰 구입하면 된다. 멜버른의 주요 관광지를 순환하는 무료 셔틀은 35번 트램이니 기억하자. 이외에 멜버른 시티 사이트 싱 버스, 트레인 등 여러 교통수단이 있으니 여행에 잘 활용해보자. 정류장이나 기차역 등에서 노선도를 챙겨두면 교통편을 이용하는 것이 훨씬 수월해진다.

CHECK 3. 빅토리아 지역 추천 드라이브 코스

세계적인 와인농장부터 자연경관까지 다양한 풍경이 특히 아름다운 도시 멜버른.
이곳을 달려보는 경험은 평생 잊을 수 없는 추억이 될 것이다.

[남동쪽 트라이앵글 드라이브 코스]

멜버른 — 60km/55분 — 야라 밸리 — 160km/2시간 — 필립 아일랜드 — 105km/1시간20분 — 모닝턴 페닌슐라

[그레이트 오션 로드 드라이브 코스]

멜버른 — 209km/2시간37분 — 그레이트 오션 로드 — 50km/50분 — 포트 캠벨/워넘불 — 170km/2시간5분 — 밸러렛

[자연경관이 아름다운 산길을 달리는 드라이브 코스]

포트 캠벨/워넘불 — 190km/2시간37분 — 그램피언스 — 150km/1시간50분 — 밸러렛 — 46km/41분 — 데일스포드

¹ 퀸 빅토리아 마켓
(Queen Victoria Market)

주소 Queen St, Melbourne
전화 03-9320-5822
이용시간 화요일, 목요일 06:00-14:00
　　　　　금요일 06:00-17:00
　　　　　토요일 06:00-15:00
　　　　　일요일 09:00-16:00
휴일 월요일, 수요일

퀸 빅토리아 마켓은 멜버른을 대표하는 시장이다. 우리나라의 남대문 시장이 연상될 정도로 없는 것 빼면 대부분의 물건이 있고, 사람도 굉장히 많다. 1873년에 처음 문을 열었으며 공동묘지 자리를 채소와 과일 도매 시장으로 바꾼 이력을 가지고 있다. 퀸 빅토리아 마켓의 또 다른 매력은 처음 만들어질 당시의 건물 모습을 여전히 유지하고 있다는 점. 수많은 멜버른 상인들이 이곳을 바탕으로 삶을 살아가고 있으며, 멜버른 시민들의 식탁과 생활의 바탕이 되는 곳이기도 하다. 시장 앞 광장에서는 연주와 공연이 늘 열리니 퀸 빅토리아 마켓에서 맛있는 음식을 사서 광장의 공연을 즐기는 것도 멜버른의 여유를 느낄 수 있는 방법이다.

² 소버린 힐
(Sovereign Hill)

주소 Bradshaw St, Ballarat
전화 03-5337-1199
이용시간 10:00-17:00
휴일 12월 25일
요금 55.5AUD(어린이는 25AUD)
홈페이지 www.sovereignhill.com.au

1851-1861년 사이 호주에서 금광이 발견될 당시의 모습을 느껴보고 싶다면 소버린 힐을 찾으면 된다. 소버린 힐은 그 당시를 재현해 놓은 민속촌으로, 실제 사용되던 소품과 복장을 볼 수 있고 물건도 구입할 수 있다. 또한 내부에 여러 레스토랑을 비롯해 숙박시설 등 각종 편의시설이 갖춰져 있어 여행자들이 편하게 머물 수 있다. 이곳에서 과거의 호주를 느끼며 하룻밤을 보내는 것도 특별한 추억이 될 것이다.

³ 세인트 킬다 비치
(Saint Kilda Beach)

⁴ 멜버른 골목여행

트램을 타고 20여 분 가면 보헤미안 분위기를 느낄 수 있는 세인트 킬다를 만난다. 아름다운 경관뿐 아니라 다양한 먹거리, 마켓, 유서 깊은 루나 파크까지 볼거리와 즐길 거리가 다양하다. 해가 지는 시간에 세인트 킬다 부두에서 바라보는 해변 모습은 그림처럼 아름다우니, 되도록 시간을 잘 맞춰서 찾아가길 권한다. 해변에서 피시 앤 칩스를 즐기거나 애크랜드 스트리트에서 커피와 케이크를 먹는 것도 좋다. 좀 더 역동적인 여행을 원한다면 루나 파크에서 롤러코스터를 즐길 수도 있다. 루나 파크가 처음 문을 연 것이 1912년이니, 현대의 놀이공원과 약간 다른 무드를 느낄 수 있다.

멜버른은 상상을 뛰어넘을 정도로 다양한 레스토랑이 있는 도시이다. 이런 레스토랑들은 골목길을 중심으로 위치해 있어, 멜버른에서는 반드시 골목길 여행을 한 번쯤 해봐야 한다. 리틀 이탈리아라고 불리는 라이건 스트리트, 베트남 사람들이 모여 만들어진 리치먼드 스트리트, 호주 스타일의 음식문화를 느낄 수 있는 브런즈윅 스트리트, 멜버른의 차이나타운인 리틀버크 스트리트까지 다양하다. 이국적인 느낌부터 호주 스타일까지 어떤 음식을 원해도, 어떤 입맛을 가졌다 해도 이 거리들에서는 자신만의 핫 스폿을 찾을 수 있다. 더불어 식사 후 루프톱 바에서 술을 한잔 즐기는 것도 추천한다. 루프톱 바라는 개념이 탄생한 도시가 바로 멜버른이니 말이다.

⁵ 그레이트 오션 로드
(Great Ocean Road)

⁶ 필립 아일랜드
(Phillip Island)

홈페이지 www.penguins.org.au

멜버른을 대표하는 드라이브 코스 그레이트 오션 로드는 해안가를 따라 만들어진 도로이다. 이곳은 2억 년의 시간을 지나며 치솟은 석회암 바위 12사도상을 비롯해 깎아지른 듯한 기암절벽, 하얀 백사장, 난파선, 우림과 국립공원까지 다양한 볼거리를 자랑한다. 해안선을 따라 달리며 경관을 감상하고, 해안마을에서 하룻밤을 보내며 호주의 작은 마을의 또 다른 매력을 느껴보자. 자연이 스스로 만든 완벽한 예술작품을 직접 체험하는 기분을 느끼게 될 것이다. 굉장히 구불거리는 길도 있으니 버스를 이용하거나 멜버른에서 출발하는 투어를 활용하는 것도 도움이 된다. 기차나 버스를 동시에 활용하는 투어 상품도 있으니 여행자의 취향에 맞춰 선택하면 된다.

멜버른에서 2시간 정도 거리에 있는 필립 아일랜드는 야생 동물들의 파라다이스이자 생태계를 그대로 보존한 자연 휴양지이다. 나무에 매달린 코알라를 눈앞에서 보거나 물개의 바로 앞까지 가는 것도 가능하다. 또한 세계적으로 희귀한 페어리 펭귄도 볼 수 있다. 펭귄들이 무리 지어 뒤뚱거리면서 걷는 모습은 보고 있기만 해도 기분이 좋아진다. 야행성 동물인 펭귄을 실명의 위험으로부터 보호하기 위해 카메라 플래시 사용은 절대 금지하고 있으니 참고하자. 필립 아일랜드는 개인적으로도 갈 수 있으나 투어를 이용하는 것이 괜찮다. 숨겨진 풍경, 자연 속에서 경이롭게 살고 있는 야생 동물들의 모습을 충분히 보기 위해서는 최소 2일은 필요하다. 더불어 펭귄을 보고 싶다면 두꺼운 옷과 담요를 꼭 챙기자. 해가 진 바닷가는 생각보다 추울 수 있다.

PART
10

PERTH

서퍼스 호주

세계에서 가장 친절한 도시
퍼스

PERTH

● 서 호주는 해가 드는 날이 많고 자연경관이 좋으며, 사람들이 친절한 것으로 유명한 지역이다. 1년 내내 덥지도 춥지도 않은 기후는 사람들을 여유롭게 만들기 충분하며, 주변을 둘러싸고 있는 공원과 해변은 삶에 유쾌한 기운을 더해준다. 덕분에 이곳 서 호주는 일 년 내내 여행하기 좋은 지역이기도 하다.

서 호주를 대표하는 도시는 사막 한가운데 건설된 퍼스이다. 미국 여행잡지 <트래블&레저>에서 뽑은 '세계에서 가장 친절한 도시' 1위이기도 한 퍼스. 사막에 세워졌으나 온화한 기후와 스완강, 뛰어난 주변 자연이 이곳에서 생활하는 사람들에게 행복한 기운을 불어넣은 듯하다.

그렇기에 서 호주는 호주 여행의 휴식지로 제격이다. 친절한 사람들과 좋은 기후, 편안한 도시 분위기가 여행자를 포근하게 감싸준다. 땅과 바다, 도시와 자연이 공존하는 곳 퍼스에서 포근한 호주를 느껴보자.

CHECK 1. 이곳에 가려면!

퍼스는 호주 가장 서쪽 끝에 자리 잡은 도시이다. 따라서 호주 내 도시에서 이동하는 시간도 결코 짧지 않다. 그만큼 퍼스를 여행하겠다고 결정했으면 이동 편을 신중하게 선택해야 한다. 다른 도시들과 마찬가지고 국내선은 다양하게 운항하고 있다. 공항에서 도심까지는 공항 셔틀버스를 이용하면 된다. 이외에 일반 시내버스인 트랜스퍼스 37번과 40번도 공항과 시내를 오간다. 택시를 탈 경우에는 공항을 나와 'TAXI'라고 쓰인 콜 기계 버튼을 누르고 기다리면 된다. 버스나 기차를 이용하는 것은 시간이 굉장히 오래 걸리니 참고하자. 버스는 가장 가까운 애들레이드에서 33시간 정도 소요되며, 기차는 인디언 퍼시픽 열차가 동서를 횡단하며 시드니에서 퍼스까지 운행한다. 단 시드니에서 퍼스까지 3박 4일의 여정이기 때문에 기차 여행을 원하는 여행자라면 긴 시간 이동에 대비하는 것이 좋다.

CHECK 2. 이곳을 여행하려면!

퍼스의 대중교통은 트랜스퍼스라는 통합 시스템으로 운영된다. 버스와 기차, 페리까지 하나로 관리하는 시스템이다. 따라서 티켓 하나로 3가지 교통수단을 모두 이용할 수 있다. 또한 퍼스 시티 센터를 중심으로 FIZ(Free Transit Zone)에 해당하는 무료 교통 구간이 있는데, 이 구간에서는 모든 교통수단을 무료로 이용할 수 있으니 참고하자. 이외에 퍼스에는 동서와 남북을 가로지르는 캣이라는 이름의 무료 버스가 운행 중이다. 하루에 몇 번이고 타고 내리기가 가능한 캣 버스는 동서 노선인 레드 캣과 옐로 캣, 남북 노선인 블루 캣이 있으니 여행 목적지에 따라 활용하자. 이 밖에 트랜스퍼스 버스, 근교를 운행하는 기차인 패스 드렉, 페리도 목적지에 따라 활용할 수 있다.

CHECK 3. 서 호주 지역 추천 드라이브 코스

지구상 어디서도 발견할 수 없었던 장엄함, 특별함을 경험하다.

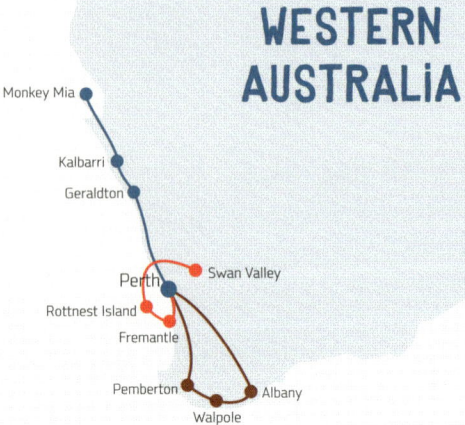

[퍼스 주위를 둘러보는 드라이브 코스]

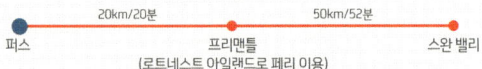

퍼스 — 20km/20분 — 프리맨틀 (로트네스트 아일랜드로 페리 이용) — 50km/52분 — 스완 밸리

[호주 남쪽으로 가는 드라이브 코스]

퍼스 — 325km/3시간30분 — 펨버턴 (마거릿 리버를 건넌다) — 125km/1시간29분 — 월폴 — 127km/1시간35분 — 올버니 — 415km/4시간20분 — 퍼스

[호주 서부 해안만의 아름다움을 느낄 수 있는 드라이브 코스]

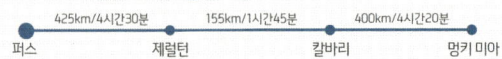

퍼스 — 425km/4시간30분 — 제럴턴 — 155km/1시간45분 — 칼바리 — 400km/4시간20분 — 멍키 미아

1 프리맨틀
(Fremantle)

홈페이지 www.visitfremantle.com.au

프리맨틀은 퍼스 중심에서 30분 정도 거리에 있는 항구도시이다. 프리맨틀 감옥, 아트 센터, 구법원 등 식민지 시대의 건축물을 구경하는 재미가 있다. 프리맨틀 히스토릭 뮤지엄과 아트 센터는 특히 중세 성에 놀러 간 느낌을 가지기 충분하다. 주말이라면 E 쉐드 마켓이나 프리맨틀 마켓 등을 구경하거나 카푸치노 거리에서 커피 한잔의 여유를 느껴봐도 좋다. 마켓 스트리트에서 기차역 반대 방향으로 걷다 보면 기분 좋은 커피 향을 맡게 된다. 큰길을 사이에 두고 늘어선 카페에서 풍기는 커피 향이 자연스레 카페테라스로 안내할 것이다. 고풍스러운 프리맨틀 건물 사이로 자리 잡은 노천카페의 매력은 로마 못지않을 정도이다.

2 마거릿 리버
(Margaret River)

퍼스에서 남쪽으로 3시간 정도 떨어진 마거릿 리버는 서호주에서 가장 유명한 음식과 와인을 즐길 수 있는 곳이다. 부티크 맥주 공장들을 둘러보며 이 지역만의 특색있는 맥주도 맛볼 수 있다. 갓 잡은 신선한 해산물 요리, 유기농 재료의 요리, 파머스 마켓에서 만날 수 있는 치즈까지 맛있는 음식들을 맛보는 즐거움을 만끽할 수 있다. 와이너리에서 와인 시음과 음식을 즐기는 식사도 마거릿 리버만의 특별함을 더해 줄 것이다. 여행 일정을 맞춰 세계적인 셰프들과 와인 메이커들이 참가하는 마거릿 리버 고메 이스케이프에 참여하는 것도 좋다. 마거릿 리버 고메 이스케이프는 11월에 4일간 열린다.

	MONTH	1	2	3	4	5	6	7	8	9	10	11	12
DATE													
PLACE													

	S	M	T

W	T	F	S

	MONTH	1	2	3	4	5	6	7	8	9	10	11	12
DATE													
PLACE													

	S	M	T

W	T	F	S

DATE _____

Today's Plan

Expenses Record		card ■ cash ☐
	☐	☐
	☐	☐
	☐	☐
	☐	☐
	☐	☐
	☐	☐
	☐	☐

DATE _____

Today's Plan

Expenses Record		card ■ cash ☐
	☐	☐
	☐	☐
	☐	☐
	☐	☐
	☐	☐
	☐	☐
	☐	☐

☼ ☁ ☁ ☔ ❄

DATE _____

Today's Plan

Expenses Record		card ■ cash ☐
	☐	☐
	☐	☐
	☐	☐
	☐	☐
	☐	☐
	☐	☐
	☐	☐

DATE _____

Today's Plan

Expenses Record		card ■ cash ☐
	☐	☐
	☐	☐
	☐	☐
	☐	☐
	☐	☐
	☐	☐
	☐	☐

DATE _____

Today's Plan

Expenses Record		card ■ cash ☐
	☐	☐
	☐	☐
	☐	☐
	☐	☐
	☐	☐
	☐	☐
	☐	☐

DAY

DATE _____

Today's Plan

Expenses Record		card ■ cash ☐
	☐	☐
	☐	☐
	☐	☐
	☐	☐
	☐	☐
	☐	☐
	☐	☐

DATE

Today's Plan

Expenses Record		card ■ cash ☐
	☐	☐
	☐	☐
	☐	☐
	☐	☐
	☐	☐
	☐	☐
	☐	☐

DATE _____

Today's Plan

Expenses Record		card ■ cash ☐
	☐	☐
	☐	☐
	☐	☐
	☐	☐
	☐	☐
	☐	☐
	☐	☐

DATE _____

Today's Plan

Expenses Record		card ■ cash ☐
	☐	☐
	☐	☐
	☐	☐
	☐	☐
	☐	☐
	☐	☐
	☐	☐

DATE

Today's Plan

Expenses Record	card ■ cash ☐
☐	☐
☐	☐
☐	☐
☐	☐
☐	☐
☐	☐
☐	☐

DATE _____

Today's Plan

Expenses Record		card ■ cash ☐
	☐	☐
	☐	☐
	☐	☐
	☐	☐
	☐	☐
	☐	☐
	☐	☐

DATE _____

Today's Plan

Expenses Record		card ■ cash ☐
	☐	☐
	☐	☐
	☐	☐
	☐	☐
	☐	☐
	☐	☐
	☐	☐

DATE _____

Today's Plan

Expenses Record			card ■ cash ☐
	☐		☐
	☐		☐
	☐		☐
	☐		☐
	☐		☐
	☐		☐
	☐		☐

DATE

Today's Plan

Expenses Record		card ■ cash ☐
	☐	☐
	☐	☐
	☐	☐
	☐	☐
	☐	☐
	☐	☐
	☐	☐

DATE _____

Today's Plan

Expenses Record		card ■ cash □
	□	□
	□	□
	□	□
	□	□
	□	□
	□	□
	□	□

DATE _____

Today's Plan

Expenses Record		card ■ cash ☐
	☐	☐
	☐	☐
	☐	☐
	☐	☐
	☐	☐
	☐	☐
	☐	☐

DATE _____

Today's Plan

Expenses Record		card ■ cash ☐
	☐	☐
	☐	☐
	☐	☐
	☐	☐
	☐	☐
	☐	☐
	☐	☐

DATE _____

Today's Plan

Expenses Record		card ■ cash ☐
	☐	☐
	☐	☐
	☐	☐
	☐	☐
	☐	☐
	☐	☐
	☐	☐

DATE _____

Today's Plan

Expenses Record		card ■ cash □
	□	□
	□	□
	□	□
	□	□
	□	□
	□	□
	□	□

DATE

Today's Plan

Expenses Record		card ■ cash ☐
	☐	☐
	☐	☐
	☐	☐
	☐	☐
	☐	☐
	☐	☐
	☐	☐

DATE _____

Today's Plan

Expenses Record		card ■ cash □
	□	□
	□	□
	□	□
	□	□
	□	□
	□	□
	□	□

DATE _____

Today's Plan

Expenses Record		card ■ cash ☐
	☐	☐
	☐	☐
	☐	☐
	☐	☐
	☐	☐
	☐	☐
	☐	☐

☀️ ⛅ ☁️ 🌧️ ❄️

DATE _____

Today's Plan

Expenses Record		card ■ cash ☐
	☐	☐
	☐	☐
	☐	☐
	☐	☐
	☐	☐
	☐	☐
	☐	☐

DATE _____

Today's Plan

Expenses Record		card ■ cash ☐
	☐	☐
	☐	☐
	☐	☐
	☐	☐
	☐	☐
	☐	☐
	☐	☐

DATE _____

Today's Plan

Expenses Record		card ■ cash ☐
	☐	☐
	☐	☐
	☐	☐
	☐	☐
	☐	☐
	☐	☐
	☐	☐

☀ ⛅ ☁ 🌧 ❄

DATE _____

Today's Plan

Expenses Record		card ■ cash ☐
	☐	☐
	☐	☐
	☐	☐
	☐	☐
	☐	☐
	☐	☐
	☐	☐

DATE

Today's Plan

Expenses Record		card ■ cash ☐
	☐	☐
	☐	☐
	☐	☐
	☐	☐
	☐	☐
	☐	☐
	☐	☐

DATE _____

Today's Plan

Expenses Record		card ■ cash □
	□		□
	□		□
	□		□
	□		□
	□		□
	□		□
	□		□

DATE _____

Today's Plan

Expenses Record		card ■ cash ☐
	☐	☐
	☐	☐
	☐	☐
	☐	☐
	☐	☐
	☐	☐
	☐	☐

DATE _____

Today's Plan

Expenses Record		card ■ cash ☐
	☐	☐
	☐	☐
	☐	☐
	☐	☐
	☐	☐
	☐	☐
	☐	☐

호텔 용어

정보제공: 호텔패스(www.hotelpass.com)

레이트 체크아웃 Late Check-out	일반적으로 호텔에서 규정하는 체크아웃 시간보다 늦게 체크아웃하는 것을 의미한다.
어메니티 Amenity	호텔에서 투숙객의 편의를 위해 객실에 무료로 준비해 놓은 각종 소모품 또는 서비스 용품. 일반적으로 욕실용품과 물 등이다.
엑스트라 차지 Extra Charge	추가 비용을 의미. 인원 추가, 조식 추가, 베드 추가 등의 상황에서 사용된다.
올 인클루시브 All Inclusive	호텔 숙박비 내에 미니 바를 포함한 모든 음식, 선택관광 서비스 요금이 포함되어 있는 형태를 말한다.
얼리 체크인 Early Check-in	기존의 호텔 체크인 시간보다 이른 시간에 체크인하는 것을 의미한다. 추가 비용이 발생하는 경우도 있다.
컨시어지 Concierge	비서처럼 개인적이고 개별적인 고객 서비스를 총괄 담당하는 관리인, 호텔 이용, 주변 교통 편이나 관광에 대한 설명과 레스토랑 추천 등 고객의 편의를 도와준다.

여행자를 위한 영어회화 _ 호텔편

예약하셨나요? Did you make a reservation?	지금 체크인할 수 있나요? Can I check in now?
체크인 시간은 몇시죠? What time is check-in?	체크인하고 싶습니다. I'd like to check in.
일찍 체크인 할 수 있나요? Can I check in early?	체크인은 어디서 합니까? Where do I check in?
어느 분 앞으로 예약되어 있습니까? Whose name is the reservation under?	제 이름으로 예약했습니다. It's in my name.
해변 쪽 방으로 주세요. I'd like a room with a seaside view, please.	짐을 방까지 가져다 주시겠어요? Could you bring my luggage up to the room?
제 짐을 올려주실 수 있으세요? Can you move up my baggage?	수건을 더 주시겠어요? Could I have more towels?
저녁까지 제 짐을 보관해 주실 수 있어요? Could you keep my luggage until this evening?	공항 가는 버스는 어디서 타요? Where do I board the bus going to the airport?

호주의 축제

호주의 연중 축제

호주는 자연이 매력적이다. 더불어 기후도 좋아 호주 사람들은 여유와 즐거움을 늘 가지고 있다. 덕분에 여러 주제와 특색을 가진 축제들이 다양하게 열린다. 호주 주별로도 많은 축제들이 열리기 때문에 늘 볼거리가 넘친다. 여행 일정에 관심 있는 주제의 축제 참여를 추가하면 호주와 호주 사람들의 매력을 더 가깝게 느낄 수 있을 것이다.

기본 축제

1월	시드니 축제 - 뉴 사우스 웨일스 -	음악, 연극, 무용 공연이 다양하게 열리는 축제
2월	마르디 그라스 축제 - 뉴 사우스 웨일스 -	2월부터 3월 초까지 열리는 동성애 축제. 3월 초 시드니 옥스퍼드 거리에서 대형 퍼레이드가 열리며, 화려한 의상 등 볼거리도 다양하다.
3월	애들레이드 축제 - 남 호주 -	2년에 한 번 열리는 세계적 규모의 예술 축제
6월	빅 보이스 토이스 엑스포 - 퀸즐랜드 -	자동차, 오토바이, 배, 여행, 스포츠, 자동차 등과 관련된 액세서리 전람회
7월	멜버른 국제 필름 페스티벌 - 빅토리아 -	호주를 비롯해 전 세계 영화를 상영한다.
8월	노던 테리토리 트로피컬 가든 - 노던 테리토리 -	음식, 와인, 맥주 페스티벌
9월	플로리에이드 - 호주 수도 특별 자치구 -	호주의 수도 캔버라에서 열리는 봄맞이꽃 축제. 남반구 최대 규모를 자랑한다.
10월	국제 바로사 음악축제 - 남 호주 -	호주 최대의 와인 산지로 유명한 바로사 밸리에서 열리는 와인 축제로 공연과 음식 등 다양한 주제의 행사가 열리며 대형 퍼레이드로 마무리된다.
11월	멜빈 컵 경마대회 - 멜버른 -	호주 사람들에게 월드컵만큼이나 큰 관심을 받는 스포츠 축제로, 멜버른의 플레밍턴 경마장에서 열린다.
12월	새해 전야 축제 - 시드니 -	새해를 축하하는 불꽃놀이와 공연 등이 열린다.
	요트 대회 - 시드니, 호바트 -	남반구 최대의 요트 축제

CONTACT LIST
주요 연락처

- 전화 통역 서비스 -
☎ 13-14-50

- 캔버라 주재 한국대사관 -
☎ 02-6270-4100

- 시드니 주재 한국총영사관 -
☎ 02-9210-0200

PERSONAL CONTACT LIST
개인 비상 연락망

Coupon
두근두근 여행 다이어리 북 시리즈에서 준비한 특별 여행선물

1. 두타인터넷면세점 **30,000원 적립금**
- 적립금 코드 7SOI1VRVWK
- 유효 기간 다운로드 일로부터 3개월까지

<사용방법>
① 두타인터넷면세점 로그인(www.dootadutyfree.com) * 비회원의 경우 신규가입 필요
② 마이페이지 > 적립금 클릭   ③ "적립금 등록하기" 란에 "적립금 코드 10자리" 입력

2. 두타면세점 **10,000원 할인권** ($50 이상 결제 시 즉시 할인)
- 사용처 동대문 본점
- 인당 1회 사용 가능

5116000000003645

YOLO PROJECT
두근두근 여행 다이어리 북
×

DOOTA DUTY FREE

3. 두타면세점 **30,000원 할인권** ($100 이상 결제 시 즉시 할인)
- 사용처 동대문 본점
- 인당 1회 사용 가능

5116000000003646

4. 두타몰 F&B **3,000원 바우처 교환권**
- 교환 장소 두타몰 4F 멤버십 데스크
- 1인 1회 교환 가능
- 바우처 교환 후 두타몰 F&B(식음) 매장에서 사용하실 수 있습니다.
- 두타몰 4F 멤버십 데스크 교환 시간 AM10:30~PM9:00(월~일)

5. 두타몰 멤버십 가입 시 최대 **5,000 포인트**
- 대상 두타몰 멤버십 신규가입 고객
- 혜택 신규 가입 즉시 최대 5,000포인트 지급

YOLO PROJECT
두근두근 여행 다이어리 북
×
1등 글로벌 호텔예약

HOTELPASS.com

해외 호텔 **7% 할인** or 일본 1박 **700¥ 할인**
- 쿠폰 번호 YPPASS77   • 쿠폰 등록 기간 2020년 12월 31일까지
- 쿠폰 사용 기간 홈페이지 등록 후 발급일로부터 1년

<사용방법>
① 호텔패스 로그인 > 마이 페이지 > 쿠폰 조회 > 쿠폰 등록 > 쿠폰 발급 완료

<사용 안내>
- 본 적립금은 기간 내 ID 당 1회 발급 가능합니다.
- 본 적립금은 결제금액의 최대 30%까지 사용 가능합니다.
- 본 적립금은 당사 사정에 따라 변경, 조기 종료될 수 있습니다.
- 브랜드별 적립금 사용률은 상이할 수 있으며,
  일부 브랜드의 경우 적립금 사용이 제한될 수 있습니다.

<사용 안내>
- 본 할인권은 동대문 본점에서 1인 1회 사용 가능합니다.
- 본 할인권은 일부 브랜드 및 30% 이상 할인 제품은 제외될 수 있습니다.
- 본 할인권은 내국인(한국인) 전용으로 타 할인 쿠폰과 중복 할인되지 않습니다.
- 본 할인권의 사용 잔액은 환불되지 않으며 반품 시 재발급되지 않습니다.
- 본 할인권은 당사 사정에 따라 사용이 제한, 변경될 수 있습니다.
- 본 할인권은 당사 사정에 따라 변경, 조기 종료될 수 있습니다.

주소 서울특별시 중구 장충단로 275 두산타워 7F~13F
영업시간 AM10:30~PM11:00(연중 무휴) 대표 번호 1833-8800
홈페이지 www.dootadutyfree.com

<사용 안내>
- 본 할인권은 동대문 본점에서 1인 1회 사용 가능합니다.
- 본 할인권은 일부 브랜드 및 30% 이상 할인 제품은 제외될 수 있습니다.
- 본 할인권은 내국인(한국인) 전용으로 타 할인 쿠폰과 중복 할인되지 않습니다.
- 본 할인권의 사용 잔액은 환불되지 않으며 반품 시 재발급되지 않습니다.
- 본 할인권은 당사 사정에 따라 사용이 제한, 변경될 수 있습니다.
- 본 할인권은 당사 사정에 따라 변경, 조기 종료될 수 있습니다.

주소 서울특별시 중구 장충단로 275 두산타워 7F~13F
영업시간 AM10:30~PM11:00(연중 무휴) 대표 번호 1833-8800
홈페이지 www.dootadutyfree.com

<사용 안내>
- 교환하신 바우처는 일부 식음 매장에서는 사용이 제한될 수 있습니다.
- 멤버십 회원을 대상으로 제공합니다(비회원의 경우, 신규 가입 필요).
- 본 교환권은 당사 사정에 따라 변경, 조기 종료될 수 있습니다.

두타몰 주소 서울특별시 중구 장충단로 275 두산타워 1F~6F
두타몰 영업시간 AM10:30~AM05:00(월~토), AM10:30~AM00:00(일)
대표 번호 02-3398-3115

<사용 안내>
- 신규 회원 가입 시 3,000 포인트는 즉시 사용 가능합니다,
  마케팅 활용 동의 2,000 포인트는 익일부터 사용 가능합니다.
- 결제 시 일부 매장 및 상품의 경우, 포인트 적립 및 사용이 제외될 수 있습니다.
- 본 멤버십 가입 혜택은 당사 사정에 따라 변경, 조기 종료될 수 있습니다.

두타몰 주소 서울특별시 중구 장충단로 275 두산타워 1F~6F
두타몰 영업시간 AM10:30~AM05:00(월~토), AM10:30~AM00:00(일)
대표 번호 02-3398-3115

<사용 시 유의사항>
- 일부 요금은 적용이 불가능할 수 있습니다.
- 다른 쿠폰과 중복 사용이 불가능합니다.
- 호텔패스 포인트와 함께 사용하실 수 있습니다.

Coupon
두근두근 여행
다이어리 북 시리즈에서
준비한 특별 여행선물

YOLO PROJECT
두근두근 여행 다이어리 북

×

해외 렌터카 예약 시 **10%** 할인

CDP NO 2138455

<사용방법>
- Hertz 홈페이지 > 예약 > CDP 번호 입력 > 10% 할인
- Hertz 해외 예약센터 > 예약 > CDP 적용 요청 > 10% 할인

<사용 시 유의사항>
- 본 CDP 번호의 할인은 사전 예약 시 적용되는 할인요금에 추가로 적용됩니다.
- 예약은 출국 24시간 이전까지 완료되어야 합니다.
(아시아 지역은 48시간 이전)
- 일부 국가, 영업소, 차량에 대해 할인 적용이 제한될 수 있습니다.
- Hertz의 기본 임차 자격 및 이용규정과 지역별 임차 기간 및 반납 규정, 예약 요금제별 규정이 적용됩니다.
- 해당 할인코드는 사전 예고 없이 변경 혹은 취소될 수 있습니다.

<Hertz 예약>
- 온라인 예약: www.hertz.co.kr
- 해외 예약센터: 1600-2288
(영업시간: 월-금 09:00-18:00 / 주말 공휴일 휴무)

★ 허츠 골드회원 혜택 ★

허츠 홈페이지를 통해 회원 가입을 하면, 허츠에서 제공하는 다양한 회원 혜택을 받을 수 있다.(회원 가입 무료)

① 골드회원 전용 할인 혜택

회원 등록 시 기입된 이메일을 통해 특별 할인정보를 제공한다. 또한 사이트 로그인 시, 비회원이 볼 수 없는 [회원전용] 프로모션 혜택도 받을 수 있으며 기본 프로모션 때도 비회원보다 높은 할인율을 제공받을 수 있다. 배우자 추가 운전자 등록 무료, 아동용 카시트 요금할인 혜택도 제공된다.

② 신속한 임차 서비스

임차 계약서 작성 등의 과정 없이 회원전용구역에서 바로 차량 픽업이 가능한 혜택이다. 예약시간에 맞춰 영업소에 방문하여 사무실 앞 전광판에서 본인 이름과 차량이 대기되어 있는 주차장 번호를 확인하면 완료. 전광판이 없는 영업소는 Gold Booth 또는 Gold Counter에서 수속하면 된다.

③ 골드 초이스

내가 예약한 차량 등급 내에서 선호하는 차량을 직접 선택할 수 있다. 미국 및 유럽의 주요 공항에서 서비스 이용이 가능하다.

④ 얼티메이트 초이스를 이용한 업그레이드 혜택!

하루 당 35$ 추가 요금으로 Premium Upgrade 구역에 있는 Hertz Collection의 최고급 차량(인피니티 Q50, 아우디 A3, 벤츠 CLA250)으로 업그레이드가 가능하다. Platinum 또는 President's Circle 회원은 25$로 이용 가능하며, President's Circle 회원은 Compact 차량 예약 시 Midsize로 무료 업그레이드 또한 가능하다. 현재 미국 주요 영업소에서 이용할 수 있으며, 점차 확대할 예정이다.
#개이득 #올해_론칭한_서비스!

⑤ 포인트 프로그램

전 세계 150여 나라, 9,700개의 영업소를 운영하고 있기 때문에 어디를 여행해도 허츠를 이용할 수 있다. 이때 회원 포인트를 적립하고, 적립된 포인트를 이용하여 무료 임차 서비스를 받을 수 있다. 단, 포인트 적립이 가능한 영업소여야 한다.

⑥ 회원 등급 프로그램 서비스

회원 등급이 높아지면 높아질수록 포인트 적립, 차량 업그레이드 등 다양한 혜택이 증가된다.

여행을 완성하는 아주 특별한 방법,

21세기북스의
두근두근 여행 다이어리 북 시리즈

01. 홍콩

02. 뉴욕

03. 오사카&교토

04. 런던

05. 이탈리아

06. 호주

KI신서 7280

AUS-
TRALIA
두근두근 호주

1판 1쇄 인쇄 2018년 1월 10일
1판 1쇄 발행 2018년 1월 22일

펴낸이 김영곤
펴낸곳 (주)북이십일 21세기북스

실용출판팀장 김수연
책임편집 이보람
진행 김유정
사진 호주정부관광청
디자인 elephantswimming
출판영업팀 이경희 이은혜 권오권
출판마케팅팀 김홍선 배상현 신혜진 김선영 나은경
홍보팀 이혜연 최수아 김미임 박혜림 문소라 전효은 염진아 김선아
제휴팀장 류승은
제작팀장 이영민

출판등록 2000년 5월 6일 제406-2003-061호
주소 (10881) 경기도 파주시 회동길 201 (문발동)
대표전화 031-955-2100 **팩스** 031-955-2151 **이메일** book21@book21.co.kr

(주)북이십일 경계를 허무는 콘텐츠 리더

21세기북스 채널에서 도서 정보와 다양한 영상자료, 이벤트를 만나세요!
장강명, 요조가 진행하는 팟캐스트 말랑한 책수다 <책, 이게 뭐라고>
페이스북 facebook.com/21cbooks 블로그 b.book21.com
인스타그램 instagram.com/21cbooks 홈페이지 www.book21.com

ⓒ 북이십일 21세기북스

ISBN 978-89-509-7327-8 13980

· 이 책 내용의 일부 또는 전부를 재사용하려면 반드시 (주)북이십일의 동의를 얻어야 합니다.
· 잘못 만들어진 책은 구입하신 서점에서 교환해드립니다.